HR从助理到总监

系列丛书

HR人力资源管理从助理到总监

张成强 著

Human Resource Management From HR Assistant to HRD

中国法制出版社
CHINA LEGAL PUBLISHING HOUSE

目录

CONTENTS

第一部分　入门篇

第一章

新手入门——多维视角看人力

第二章

招聘面试——招到合适的人

第三章

录用管理——让入职者顺利融入大家庭

第四章

入职管理——将风险扼杀在摇篮中

第十四章

规章制度——有法可依，有法必依

第十五章

人力风险管控——有效规避主要风险点

第十六章

人力资源创新——变革创造管理价值

01

第一部分

入门篇

第一章

新手入门

——多维视角看人力

人力资源，广义来讲是一个国家或者区域有智力和体力劳动能力的人的总和，包括数量和质量两个方面。而从狭义上来说就是一个组织所拥有的用以制造产品和提供服务的人力。

戴维·乌尔里克（Dave Ulrich）被誉为人力资源管理的开创者，他最早提出了“人力资源”（Human Resource）的概念。在此之前，人力资源被叫作“人事管理”（Human Management）。乌尔里克认为，现在唯一剩下的有竞争力的武器就是组织，因为那些传统的竞争要素，如成本、技术、分销、制造以及产品特性，或早或晚都能被复制，它们无法保证你就是赢家。在新经济中，胜利将来源于组织能力，包括速度、响应性、敏捷性、学习能力和员工素质。而人力资源部的新使命就牵涉卓越的组织能力的培养。

随着时代的发展，人力资源管理经历了一条漫长而崎岖的道路。而今我们通常所理解的人力资源的含义是由管理大师彼得·德鲁克于 1954 年在《管理实践》中首先提出并加以明确界定的。他认为人力资源拥有当前其他资源所没有的素质，即“协调能力、融合能力、判断力和想象力”；它是一种特殊的资源，必须经过有效的激励机制才能开发利用，并给企业带来可见的经济价值。

英国经济学家哈比森在《国民财富的人力资源》中写道：“人力资源是国民财富的最终基础。资本和自然资源是被动的生产要素，人是积累资本，开发自然资源，建立社会、经济和政治并推动国家向前发展的主动力量。显而易见，一个国家如果不能发展人们的知识和技能，就不能发展任何新的东西。”从此，对人力资源的研究越来越多，学者对人力资源的含义也提出了越来越多的解释。

从企业经营角度出发，企业的所有运转，最终目标是围绕为所服务的客户创造其所需的各类价值，企业从此过程中获得应有的经济利益或者社会利益。而在经营过程中，一旦脱离人力的专业布局，那么企业在商业战场中，将失去最重要的核心力量。从现实角度看人力资源，几乎每个企业负责人都会重视人才的发展及规划。这些专业工作，将由人力资源部门完成。而从企业实际业务发展节奏来看人力资源，各个分支部门的负责人，对人力的重视程度将有所不同。最无奈的一种是，企业处于业务繁忙或面临生存压力时，相关负责人会不由自主地边缘化人力资源部门，持续发展，人力资源最终将成为该企业的二线部门。

造成此种局面的比较重要的原因，可以归纳为两类。第一类是从业人员自身原因，大部分从业人员相对来说对于业务的理解较弱，或者说压根儿不想去理解业务，有时是为了做人力的工作而做工作，殊不知我们做人力资源管理工作是为了协助实现组织目标，而不是仅仅为了绩效考核打个分，又或者是为了组织两场活动让员工开心一下，当你真正去尝试理解业务的时候，你和领导就会越走越近。现在的人力资源部也在做变革，包括比较热门的三立柱模型，无一不是在进一步推进人力对于业务的理解。第二类是企业领导或负责人原因。出于对人力资源的浅层理解而导致将各项权力仅仅表现在口头中，而不打算真正交出实权。尤其是在企业出现困难或者问题时，企业领导人会将人力资源的管理工作牢牢地把控在自己手中，抱着宁愿自己可以改变世界，也不要相信人力资源部门能扭转局面。最终人力资源部门变成企业的流程部门。这些问题将在后面的文章中进行阐述。

那么人力资源管理如何定位？人力资源的核心价值到底在哪里？企业发展到什么样的阶段需要人力资源管理到什么程度？人力资源管理者如何规划自己的职业生涯，提高自己的核心竞争力？这些问题，人力资源管理者必须深刻思考，只有认真筹划，知己知彼，才不会在工作中迷失方向。

一、人力资源管理战略

对于什么是人力资源管理战略，很多人甚至是工作很多年的人力资源工作者都会觉得很模糊，有些人即使知道人力资源管理战略，也不能清晰地完成战略规划，更不要提如何将规划落地执行，大部分从业者只能去描述一些比较虚的概念，而在实务过程中，很有可能将全身心地陷入琐碎的细节当中。

很多人力资源从业者对业务的理解相对较弱，而一股脑儿扎进常规的日常工作中，大部分从业者在日常工作中并不清楚为什么要这么做。诚然，基础工作是需要有人踏踏实实去做好，但是从业者脑中必须始终要有一根弦，那就是一定要多问自己做这些事情的最终目的是什么。举个例子，用人部门需要招聘一个人才，而人力初期需要配合的基础工作将是：根据用人部门提供的需求，发布招聘启事、筛选简历、电话邀约、进行初面。而有的从业者，会将初面交给用人部门，从而失去了控制权。

如果能够站在组织发展的角度来考虑问题，可能会引申出如下的问题：

1. 为什么要招这些人？是新增还是替换？如果是新增的话，是业务扩大了还是别的什么原因？替换的话之前的人是主动离开的还是被辞退的，如果是辞退的话，是哪里做得不好，在招聘的时候如何注意避免同样的事情发生？

2. 有没有可能内部转岗，给内部的人一个竞争的机会？该如何在内部发布转岗或者是招聘通知？

3. 如果最终确定采用外部渠道，那么应该从哪种渠道招募哪类人才，才能和直属领导 / 下属更完美地在工作中配合，从而实现最终的组织目标？

带着这些问题去做用人部门需求分析，去面试，你很难不去了解业务的状态和商业模式，当你足够了解这些需求的根本时，用人部门就会把人力资源部当作业务伙伴，对于业务伙伴，你将会了解更多的业务模式，以及该模式所需要什么样的专业人才。这就是我说的目标感，有目标感是每一个在职场工作的人都应该有的基本素质，职能部门中多数职位在工作过程中很容易忽视目标感，这样的工作做上十年，也只是一个熟练工种，当你带着探索精神，带着目标去工作，它将演变成你的工作经验，否则只是工作经历。

回归到问题的本源，人力资源战略其实就是依据企业或组织的总体战略，为促进企业或组织的可持续发展，人力资源管理将全面围绕如何实现企业战略所进行整体而系统的布局，是企业关于人力资源管理活动的长远性的决策和方略。是在分析企业内外部环境的基础上，明确人力资源管理所面临的挑战和在现有人力资源管理不足的情况下，制定的人力资源管理的远景、使命、目标及策略，以及与企业未来发展相匹配的人力资源管理机制。制定人力资源战略的目的是如何使用人力资源为企业持续经营获得竞争优势。

企业战略是指企业为满足未来持续经营的需要，在分析其拥有的资源和自身能力以及所处的外部环境的基础上，对企业的全局性、基本性的问题进行的总体谋划，是企业生存和发展的总纲领。企业战略包括企业的愿景、使命、价值观和战略目标。

企业的战略分为总体战略、经营战略和职能战略。人力资源战略作为企业的职能战略，是在企业战略基础上形成的，通过发挥其对企业战略的支撑作用，促进企业战略的实现。人力资源战略必须与企业战略相一致，同时人力资源战略的实施将推动企业战略的全面实现，人力资源战略的实施可以充分发挥人的价值，发挥人的主观能动性，不断增强企业的竞争力和竞争优势，推动组织战略的实现，使企业健康、持续、快速、稳定发展。

企业的战略经营目标和企业文化是建立人力资源战略的依据，是企业人力资源战略实施的前提和环境。人力资源战略的制定和实施必须与企业的愿景、使命和价值观保持高度一致才能促进企业战略目标的实现。企业通过构建核心能力来实现企业的战略目标，而企业核心能力构建需要人力资源战略的支撑，企业的核心人才队伍是企业核心能力形成的载体。企业人力资源战略制定的关键是根据企业的核心能力建设的需要，结合企业的核心价值观，打造一支支撑企业战略目标实现的人才队伍，建立科学的人才培养开发管理机制，保证人力资源效能最大化。

因此人力资源战略考虑的要点是：实现企业的战略目标需要什么样的人才？如何找到企业需要的人才？怎样将个人绩效同组织绩效挂钩？怎样激励员工为组织目标而努力？如何培养员工快速成长？优秀的员工如何保留，以及促进组织目标的达成。

二、人力资源管理目标

上文提到根据企业战略来制定人力资源管理战略，作为战略可能就是三年到五年的总纲，这意味着在一定时间内，需要在这个总纲的框架下开展工作。就像政府都会出台五年计划一样，这其实是一个发展的总纲。至于每年需要完成什么指标，达到什么目标，都需要进一步的细化。而人力资源管理目标就是指企业人力资源管理需要完成的职责和需要达到的绩效。人力资源管理既要考虑组织目标的实现，又要考虑员工个人的发展，强调在实现组织目标的同时实现个人的全面发展。

人力资源管理目标包括全体管理人员在人力资源管理方面的目标任务与专门的人力资源部门的目标与任务。显然两者有所不同，属于专业的人力资源部门的目标任务不一定是全体管理人员的人力资源管理目标与任务，而属于全体管理人员承担的人力资源管理目标任务，一般都是专业的人力资源部门应该完成的目标任务。

无论是专门的人力资源管理部门还是其他非人力资源管理部门，进行人力资源管理的目标与任务，主要包括以下三个方面：

1. 保证组织对人力资源的需求得到最大限度的满足；

2. 最大限度地开发与管理组织内外的人力资源，促进组织的持续发展；

3. 维护与激励组织内部人力资源，使其潜能得到最大限度的发挥，使其人力资本得到应有的提升与扩充。

然而，就人力资源管理的专业部门来说，其目标是通过一系列的手段，实现对人力资源的选、用、育、留，最终实现人力资源管理战略，配合其他部门一起实现企业战略的实现。

三、人力资源管理模块

为了实现人力资源管理目标，服务于企业的总体战略目标，需要进行的是一系列管理环节的综合体。除上文所说的人力资源战略规划外，其主要内容还包括以下五个方面：招聘与配置、培训与开发、绩效管理、薪酬管理、员工关系管理。这就是通常人们常说的人力资源六大模块。

正如鲁迅所说："其实地上本没有路，走的人多了，也便成了路。"人力资源管理其实本不应该这样区分，因为人力资源管理是一个完整的系统，是为了实现企业目标而存在的机构。如果只是个夫妻店，规模小，甚至都不会出现人力资源部这样的机构，正因为现在的组织机构越来越大，才慢慢根据工作内容进行细分，先把人力资源单独拿了出来，由一个部门来负责，把招聘、培训等模块进行单独划分。但实际上教条去理解六大模块还是八大模块是没有意义的，随着企业的发展，甚至有超出六大模块范围的工作，而这又如何理解呢？其实最正确的做法是如果企业还没有发展到一定的阶段，人力资源部不必按照模块进行区分，只有等企业发展到一定阶段，综合管理忙不过来的时候或者需要对某些模块进行更深入工作的时候，才有必要逐次地将一些模块剥离开来变成单独的小组进行工作，其目标也是更好地实现人力资源管理目标。即使是剥离开，也要注意模块和模块之间的配合，因为人力资源管理是一个完整的系统，单纯地割裂看待某一个模块是大多数人力资源工作者的误区。

下面用一张图来描述各个模块之间的关系。

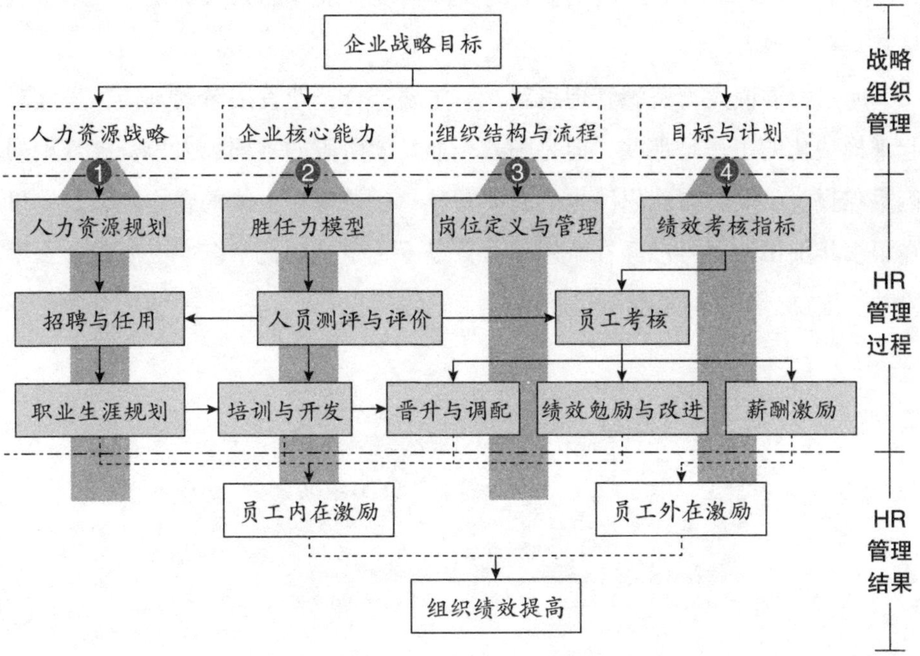

图 1-1　人力资源管理模块之间的关系

每个公司的情况会有所区分。但仅用此图来说明各个模块或者说各个管理单元之间的联系，最终还是要回归到组织目标的实现上的。

企业管理是一个动态系统，从战略方向到作业管控，层层递进、环环相扣，牵一发而动全身。

为了符合大家的常规思路，本书的脉络基本还是根据模块化来设置的，但希望读者在头脑中有完整的概念，即一切人力资源管理模块都是为了人力资源管理目标达成，为了人力战略的实现，最终协助实现组织目标。

四、人力资源管理思路

谈了那么多，那人力资源管理的具体思路是什么呢？答案是不确定的。管理是一个非常个性化的方式，世上绝无一种思路可以放之四海而皆准，就像好多人力资源管理者都知道绩效管理要做KPI，到了一家公司不做调研就开始盲目上KPI，而不去顾及企业的实际情况，最终的结果不是项目草草收场就是自己走人。

所以，要说人力资源管理思路，一定要结合企业发展阶段来谈，虽然看起来模块化的工作是那些，但是随着企业发展阶段的不同，人力资源管理的侧重点也会不同，自然思路也会有所差异。就像现在大热的合作制，其实早在很多年前山西票号已经在采用了，只是不一定是叫这个名字，所以什么手段并不重要，重要的是如何达成目标。

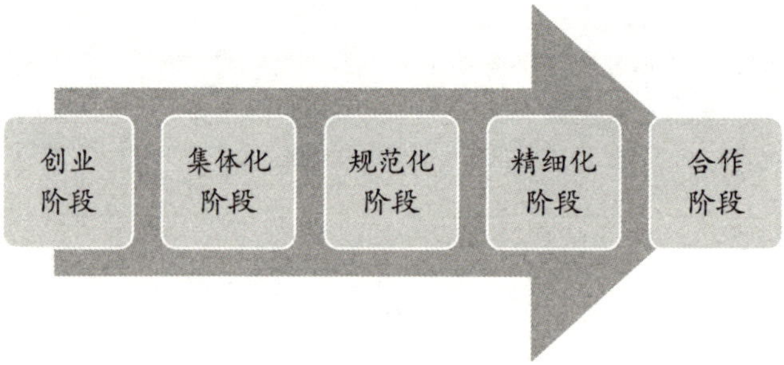

图1-2　企业发展阶段

第一阶段：创业阶段。现在是全民创业时期，每天都有新的公司成立，有了新公司，慢慢组织有了些人，就开始要搭建团队，就需要人力资源部来负责这个公司。这个时期的公司基本是领袖模式，一个英雄带着几个兄弟，领导一般都亲自干活，能力资源都集中在领导者个人身上，这个阶段极少谈到制度、流程，因为主要矛盾是生存，市场和客户是关键，而作为人力资源部的主要侧重点应该是协助领导理解商业模式，对团队进行愿景激励，保持团队的稳定性，以及业务开展过程中的灵活性。

第二阶段：集体化阶段。随着业务的发展，部门构架搭建基本有了雏形，哪些是业务部门，哪些是职能部门，几个领导人各管一摊，几个英雄带着兄弟们一起干，都很忙，以团队为主，能力集中在几个领导人身上，这个时候可能生存的压力就没有那么大了，而主要矛盾就变成了如何快速扩张。那么人力资源部的侧重点又变成了如何招募到行业中的大牛，如何重赏勇夫，如何快速地招贤纳士。

第三阶段：规范化阶段。业务终于走向正轨，组织秩序强化，作业标准开始固化，这时候已经有一批骨干可以独当一面，作为领导人的群体也可以适度地歇一歇，而把精力放到如何带领公司迈向新的台阶。这时的主要矛盾又变成了如何保持高速发展以及如何寻找新的利润增长点。对于人力资源部来说，发展就是核心，专业队伍的培养和打造又变成了关键。所以侧重点又变成制定标准的作业流程，让人力基础工作标准化，培养骨干以及协助设计适度的授权机制，调动中层干部的积极性，让组织形成能够自我运行的机制。

第四阶段：精细化阶段。这个时候的组织已经构建出了高度细分的专业化知识库，组织智商形成并迅速发育，组织不再依赖任何一个人的智慧，真正做到了“铁打的营盘流水的兵”，这个时候的能力和资源大多数都集中在组织中而并非个人，这个阶段比第三阶段在对待发展上更为理性，追求的是可持续的理性发展，组织智商和标准化的造人系统是关键。那么人力资源部应该将更多的精力放在制度的精细化上，打造培养体系以及更加合理的内控系统。

第五阶段：合作阶段。真正能进入第五阶段的企业并不多。在高度成熟的组织体系里，员工个体潜力得以解放，各自通过自由创新发挥最大潜力。企业形成内生的能力培育和创新体系，主要形态是动态的知识库生态系统，企业知识社会化。这个阶段，人力资源部更需要考虑的是如何让员工从优秀到卓越，创新体系的建设以及员工的发展变成了关键。所以这个阶段的工作思路应该是加强对员工的职业规划，激发中基层员工的创新意识，涉及能够充分授权的机制，让企业能够基业长青。

听完这五个阶段，你还会要一个“人力资源管理思路”的标准答案吗？所以根据企业发展阶段的不同，人力资源部所承担的职责和角色是会发生巨大变化的。从最基础的人事手续的办理、制度设计到各个部门的服务支持、提供人力供给，再往高端发展到了能够系统地设计整个人力资源管理体系，最终实现了战略推动。

你所拥有的能力的不同与企业阶段的不同也决定了你的生存。如果企业已经发展到了很高的阶段，而你还只是停留在人事办理、制度设计的阶段，自然你的领导就会认为你落伍了。而如果企业还停留在第一阶段，而你工作的思路跳得太高，那么只有两种可能：一、你的工作被领导认为不落地，其他部门的负责人也不配合，最终项目失败；二、你自己做得也很无趣，最后只能黯然离开。

所以要清晰地理解企业所处的阶段，了解工作的侧重点，让自己的能力和企业目标相匹配。

第二章

招聘面试

——招到合适的人

第一章的内容更多的还是偏理论一些，毕竟做人力工作，道和术中关于道的部分还是要了解一些的，正所谓知其然还要知其所以然，知道怎么做事还要知道为什么要这么做事。从这一章开始，将逐步进入如何操作的具体问题中来。首先谈一谈大家觉得人力资源最首要的工作——招聘。

有句俗语说:“招到了合适的人，你的事业就成功了一半。”可见，优秀的人才对于事业的成功是多么的重要。当今社会已经不仅仅是资源的竞争、资金的竞争，更重要的是对于人才的竞争，把招聘放在人力资源工作模块的首位也正因如此。

招聘是对人才“选、用、育、留”的起始工作，其重要性不言而喻。通过高效的招聘渠道，有效的招聘手段，能够为企业招聘到合适的人才，后面的“用”“育”“留”都会事半功倍；如果前端的招聘没有做好，后面很多环节不仅事倍功半，更重要的是，企业损失了资金成本和时间成本，这也是任何组织都应该异常重视招聘的原因。

人力资源规划和工作分析是招聘的两项基础工作。人力资源规划包括招聘的职位、部门、数量、时限、类型等。工作分析指的是对企业中各职位的任务、职责和所需要的能力、素质、要求等进行分析，为招聘提供主要的参考依据。工作分析对绩效管理也同样重要，后面还会进一步提到。

招聘，准确地说人力资源规划和工作分析必须要关注企业的目标，根据以下目标来制定规划和录用人才，具体目标有：

1. 填补企业内部短期职位空缺，在质量和数量上满足业务运行需要；

2. 根据企业长期发展要求，为企业未来的发展提供适当的人才储备；

3. 适应企业外部竞争的需要，把人力资源招聘作为企业竞争的一个重要手段；

4. 实现最经济的人力资源获取方式，要考虑是否最经济、值不值得、投入产出如何。

通过以上的描述可以看出招聘工作不简单。很多 HR 新手认为招聘可能是六大模块中最容易做的工作，不就是打打电话，约人面试，和人聊聊天吗。但其实，想招募到合适的人是非常难的。现实的情况通常是，人才市场上有大批的求职人员，但却都不是你想要的，你想要的，却找不到。所以如果想做好招聘工作，是有很多细节需要注意的。具体的主要有招聘渠道的选择、甄选技术、需求分析等，下面来一一分析。

一、招聘工作流程是怎样的?

招聘工作主要分为三个阶段，招募、面试和聘用。

1. 招募

在招募之前，需要先对招聘的职位进行工作分析，得出岗位职责后，对照简历，筛选出符合岗位需求的人选，然后邀约简历投递者来面试。这里特别需要明确岗位的任职资格内容。任职资格的主要内容是对人的岗位、知识、经验、技能的要求。

一般来说，筛选简历由 HR 来进行。简历筛选之后是电话邀约，有的公司可能在电话邀约的时候就会就一些简单问题进行沟通。电话里可以进行一些简单的业务、知识和技能的面试。这样能够筛掉一部分明显不符合要求的人，提高效率。

2. 面试

简历投递者被邀约，就要进行面试和甄别。面试通常包括业务面试、素质面试、心理测评、集体面试和综合面试等环节。但万变不离其宗的是通过三个方面对候选人进行甄别，是否胜任岗位，是否符合公司的文化，是否具备基本素质。同时也要看想要的候选人愿不愿意来，即薪酬能否达到他的期望、是否有学习成长和长远发展的空间、是否符合他在组织氛围方面的需求。

3. 聘用

聘用包括录用决策、录用通知和报到跟踪。录用决策是面试材料在面试官填好之后进行审批的过程。录用决策之后是录用通知，然后是报到跟踪。在报到跟踪这个环节，HR 也可以通过自身的工作为候选人入职做好准备，提升报到率，防止候选人拿了 offer 但不入职的情况出现。

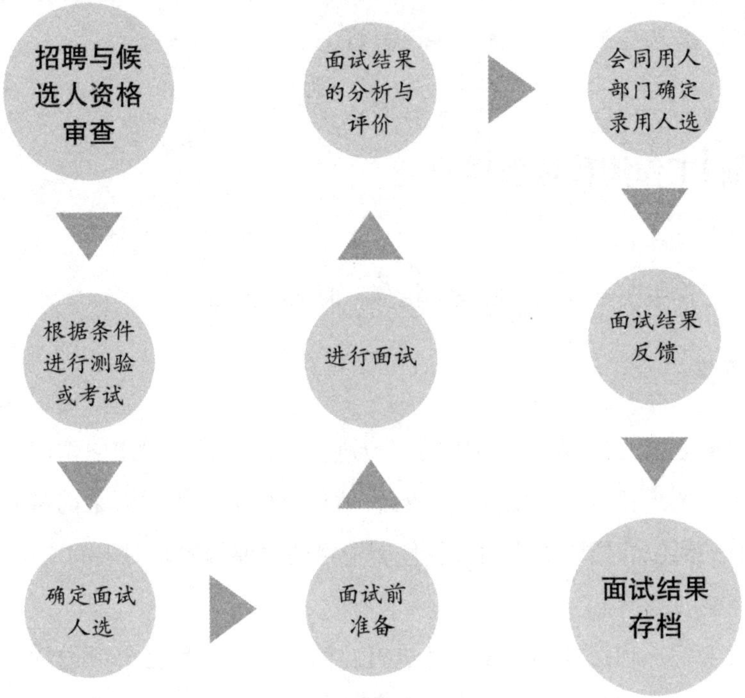

图 2-1　招聘工作全流程

二、怎么快速准确把控招聘需求？

1. 为人才画像

快速准确地把控招聘需求是每一个做招聘岗位必备的工作技能。该岗位最痛苦的莫过于按照业务部门描述的岗位职责找来的人，但最终不是业务部门真心所想，总是差别比较大。在供需双方总存在令人不满的差别时，很容易带来部门之间的矛盾：从企业工作配合角度出发，人力部门被业务部门不停地吐槽，如果再加之用人部门要人没有规划，总是提出要迅速到岗的要求，那么人力部门在整个招聘过程中就变得非常被动，这种局面如果一直持续，就会带来业务来往新信息中断，于是就会造成第二层恶果，即用人部门直接插手招聘工作，要求自行筛选简历并且承担面试职责，而人力部门仅仅是做邀约的工作，这样整个招聘工作就变得失控了。

有的读者说，你就让用人部门自己来初面好啦，人力资源部门来进行复试，从每个部门的角度来考察应聘人员的综合素质，再做决定是否录用。可是仔细想一下，要是应聘者已经成为用人部门的心头肉，其是否还能公平公正地接受别人对应聘者指出的各种问题？一旦出现类似问题，矛盾将不期而遇。而 HR 部门将最终成为走形式的一个部门。

说了这么多，那么有效解决方案呢？

方案就是把用人部门当作甲方客户来满足。首先引导他们按照你思索后的需求单进行有效填写。所以这样你知道该要什么，他知道该填什么，皆大欢喜。接到招聘需求是招聘工作的第一步。一般情况下，HR 都会看到岗位描述。当然也有的公司连岗位职责都没有，或者诞生了一个新的职位暂时没有岗位职责。这就又引申出另一个问题“岗位职责谁来写”。

用人部门编写？人力资源部门编写？其实初稿最好由了解业务体系及了解业务内容的人员来编写。至少先产生一版可供参考的岗位职责初稿，能够写清楚这个职位具体做哪些事情以及应该具备什么样的资格。再由人力资源部和用人部门沟通后把初稿最终敲定为终稿。用人部门负责人如果口头表述他们的需求，如“211、985 院校毕业，英语六级，某某行业工作几年，要聪明”。可当你找到一个完全符合岗位描述和他们口头描述的时候，他们也未必认可。这又是为什么呢？

这就好比想买车的时候，和销售说要多少价位的车。有的销售就直接给你推荐车型了。而优秀的销售会探索你的根本需求，那些需求可能你都没有认真思考过，如车子谁开，多大岁数，主要需求是代步还是要拉风，对哪些点比较看重，是舒适度、外观还是动力，平时几口人用，等等。挖掘出根本需求后，再结合专业知识给出建议，比一般销售更能为客户着想，提供增值服务。

HR 也一样，面对几乎千篇一律的任职资格，要去思考他为什么要这些条件，帮用人部门梳理他们究竟要怎样的人。比如，他为什么要求英语六级？工作中是更加看重口语还是写作？与人交流要到什么水平？没有英语六级但英语很好是否也可以呢？最后确认他是不是想要这样的员工，而不要僵化地限制表面的学历、证书、经历等。

当用人部门负责人不愿意描述这些细节的时候，或者也描述不清楚的时候，可以向实际做这份工作的人了解，与用人部门负责人确认并完善。当然要招聘一个人，还有些常规细节是需要掌握的，如为什么要招这个人的背景也要搞清楚，是业务扩展新增、人员离职还是别的原因。

把控招聘需求这一步骤非常重要。帮业务部门厘清他们的需求是什么，才能招到合适的人才；此外，这也是 HR 和用人部门负责人建立良好沟通的好机会。这样在面试中，双方目标一致；面试后，用类似的语言交流，就很容易对候选人有更准确的判断。再加之，互相沟通得越多，使用的交流语言越雷同。彼此的信赖就更增加一分，其他的人力工作也都将迎刃而解。

2. 撰写《岗位说明书》

撰写《岗位说明书》听起来是一个非常简单的事情。大部分职场人的理解是，不就是把工作描述一下，然后看看用人部门是否还有其他需求就好了，但从逻辑上讲，《岗位说明书》的制作，其实应该是一个完整的职位设计。职位设计的完整思路应该如下：

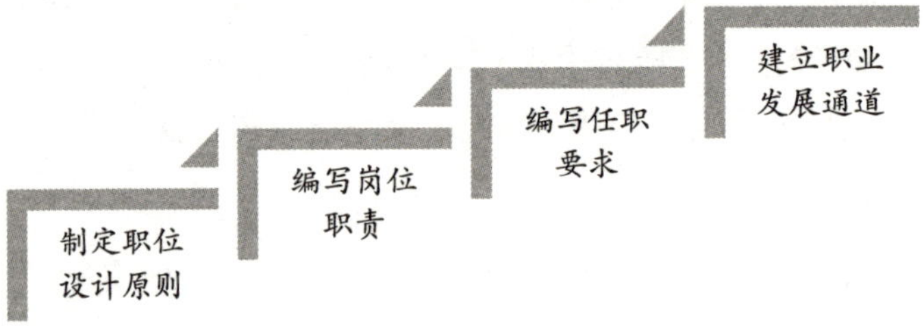

图 2-2 《岗位说明书》设计思路

（1）制定职位设计原则

• 因事设岗原则

从“厘清该做的事”开始，“以事定岗、以岗定人”。设置岗位既要着眼于公司现实，又要着眼于公司发展。按照公司各部门职责范围划定岗位，而不应因人设岗；岗位和人应是设置和配置的关系，而不能颠倒。人员配置应根据公司的发展阶段和业务规模来确定，可以考虑一人多岗或一岗多人。

• 整分合原则

在公司组织整体规划下应实现岗位的明确分工，又在分工基础上有效地综合，使各职位职责明确又能上下左右之间同步协调，以发挥最大的效能。

• 最少岗位数原则

既考虑到最大限度地节约人力成本，又要尽可能地缩短岗位之间信息传递时间，减少"滤波"效应，提高组织的战斗力和市场竞争力（编者注："滤波"效应是对信息传输过程中干扰的排除和对信息的核实。在信息传递过程中，不可避免地会发生由控制、自然或主观等因素造成的干扰，导致信息畸变或失真。为了保证信息传递的有效性及信息价值，通信中常用多种方法进行滤波）。

• 规范化原则

职位名称及职责范围均应规范。

• 客户导向原则

应该满足特定的内部和外部客户的需求。

• 一般性原则

应基于正常情况的考虑，不能基于例外情况。例如，90%情况下这个岗位需要多少工作量，多大工作强度。

（2）编写职位职责

在职责和工作任务描述阶段，最好的描述方式则是描述关键行为，而关键行为大部分都是以动词作为开头来编写。

• 3—4 分类（动宾短语）

• 2—4 个二级工作内容

• 覆盖岗位 90%工作

• 精炼职位职责

（3）编写任职要求

• 基本能力要求

任职要求考虑的第一项是评估一个职位时对人员的基本能力要求，基本素质包括年龄、性别、专业/学历、籍贯/民族、气质/容貌、职称/训练经历等要素。

客观上来看，基本能力要求主要是包括一个人的基本素质和学习经历。

表 2–1　基本能力因素表

项　目	背后含义	关注职位
年龄	年龄一方面意味着精力，人的精力是与年龄成反向比的，年龄越大，精力越少； 年龄也意味着稳定性，年龄越大，稳定性相对越高； 不同的年龄所诉求和关注的要点不同，一般 30 岁左右更追求事业发展，而超过 40 岁大部分人以建立和维护关系为核心要点	开拓性职位； 需要相当经验的职位
性别	性别意味着分工，意味着对家庭的责任。相比之下，女性尤为明显，在“三期”期间女性往往更关注于家庭； 性别与安排出差等工作有直接关系； 不同性别的诉求点不同，一般男性更喜欢挑战性工作，而女性则喜欢稳定性工作	需要长期出差的职位； 挑战性工作； 稳定性工作
专业 / 学历	专业与工作时间、学历关联。对应届毕业生会考察其专业，工作 3 年以上的则以考察其工作经历为主，对博士生考察其专业的时间要比专科生久； 不同学历、不同学校的经历意味着智商和自控力； 学历还意味着大学教育的系统性	技术性职位； 管理类职位
职称 / 训练经历	职称 / 训练经历可以代表进取心； 系统的专业训练经历代表一定的专业水准	技术类工作

• 工作经验要求

判断一个人是否符合岗位要求，单纯从基本能力要求只能判断出个人的素质，但不能判断出这个人的业务能力，业务能力是评估一个人专业水准的核心要点，俗话说“隔行如隔山”，不同的经历背景、职业经历对一个人影响非常大。

工作经验包含的要素基本背后含义如下：

表 2–2　工作经验因素表

项　目	背后含义	关注职位
行业经验	对行业规则的了解是做好一项工作的基础，行业经验时间意味着对行业规则和资源的理解； 行业经验也是对行业内成功要素的把握	管理类职务； 高端销售类职务； 高端技术类职务
职务经验 / 责任水平	职务经验意味着工作角色、工作能力； 责任水平意味着相关的经验积累，同时意味着一定的项目管理水平	管理类职务； 各类职务
管理经验	在团队管理方面的经验，主要是下属人数、从事管理时间等要素	管理类职务

• 知识能力要求

胜任能力要求是指满足优秀工作业绩的潜在能力标准，不同的职务类别具有不同的胜任能力要求。

表 2–3　胜任能力因素表

项　目	背后含义	关注职位
知识要求	具体做法是看职位职责，找到关键点，设计关键的知识； 拓展至做好本岗位必须具备的相关知识； 除特殊要求外，不得加一般性的知识，如“office 操作”等	技术类职位
能力要求	胜任能力要求分为两个部分：基础胜任能力和专业胜任能力： 基础胜任能力是作为在公司工作人员所具备的基础能力； 专业胜任能力是针对某一专业的胜任能力不同的智力水平	各个职位
人格	不同人格的人具有不同的特质； 同一类人格的人具有类似的表现； 人格直接影响到沟通风格、个人动机等要素	各个职位

（4）建立职业发展通道

在设计职位之初就应该将这个职位的晋升路线规划清晰。对于每个从业者来说，职业发展都可以分为两条路线：管理类和专业类。管理类是指以人员管理为主的职务。专业类是指以专业技能为前提从事具体业务工作的职务。

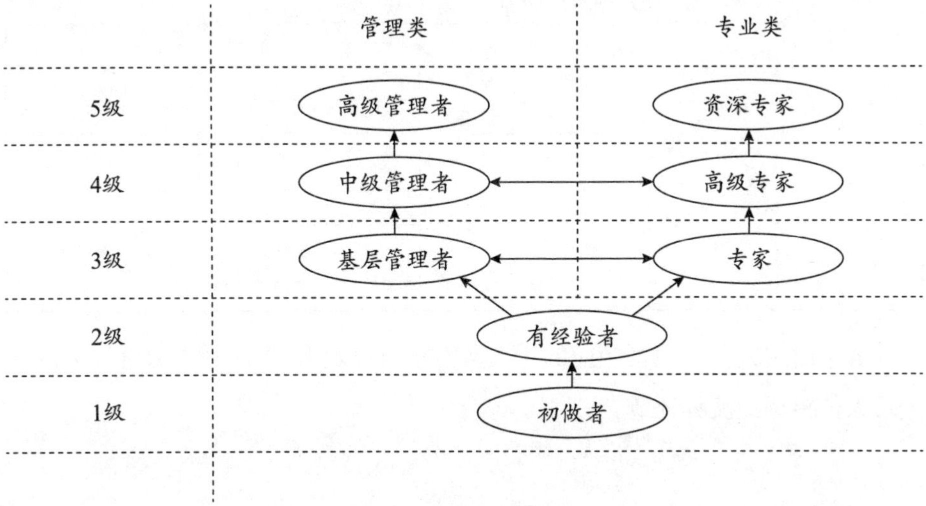

图 2–3　职业发展路径

经过这样的设计流程做出来的《岗位说明书》会相对更加有针对性，以下给出一个模板以供参考。

《岗位说明书》

<table>
<tr><th>XXXX部主管岗位</th><th colspan="3">职位编号 XXXX-001</th></tr>
<tr><th>职位职责</th><th colspan="3">任职要求、职位等级、能力要求、职业发展路径</th></tr>
<tr><td rowspan="10">一、××××
1.××××
2.××××
二、××××
××××
三、××××
1.××××
2.××××</td><td rowspan="7">任职要求</td><td>性别</td><td>不限</td></tr>
<tr><td>年龄</td><td>不限</td></tr>
<tr><td>学历 / 专业</td><td>××专业本科学历；</td></tr>
<tr><td>职称</td><td>不限</td></tr>
<tr><td>行业经验</td><td>2年以上 ×××行业工作经验</td></tr>
<tr><td>职务经验</td><td>1年以上团队管理工作经验</td></tr>
<tr><td>项目经验</td><td>不限</td></tr>
<tr><td>职位等级</td><td colspan="2">主管</td></tr>
<tr><td>知识能力要求
人格特质</td><td colspan="2">知识能力要求
1.××××能力
2.××××能力
人格特质
1. 高成就导向
2. 高抗压能力</td></tr>
<tr><td>职业发展路径</td><td colspan="2">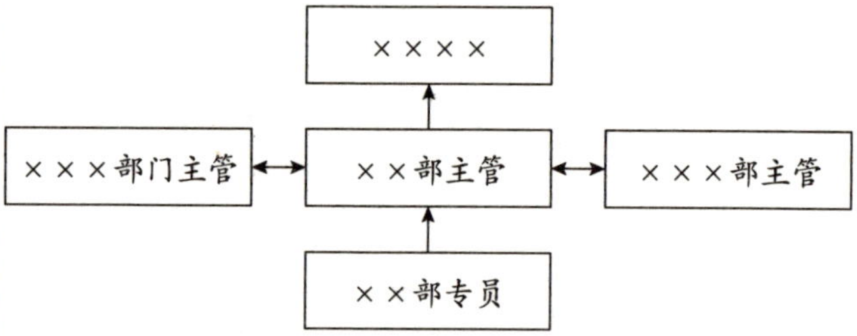
</td></tr>
</table>

通常由用人部门填写相应的《人员需求申请表》，提交到人力资源部门后进行人员招募的流程环节。

《人员需求申请表》

<table>
<tr><th colspan="8">申请人信息</th></tr>
<tr><td>申请人姓名</td><td></td><td>部门</td><td></td><td>职位</td><td></td><td>申请日期</td><td></td></tr>
<tr><th colspan="8">申请内容</th></tr>
<tr><td>申请岗位</td><td></td><td>岗位所属部门</td><td></td><td></td><td>申请人数</td><td colspan="2"></td></tr>
<tr><td>编制 / 在岗</td><td>若无可不填</td><td>最迟到岗日期</td><td colspan="5">月　　日</td></tr>
<tr><td>申请理由</td><td colspan="7">储备□　离职补员□　工作量加大□　替换在职人员□　实习生□
其他：</td></tr>
<tr><td>申请原因
详细描述</td><td colspan="7"></td></tr>
<tr><td>主要
工作内容</td><td colspan="7">如曾经申请过该岗位，可直接复制粘贴，不可空白</td></tr>
<tr><td>任职要求</td><td colspan="7"></td></tr>
<tr><td>个性化要求</td><td colspan="7">如外型、籍贯、性格特点等</td></tr>
<tr><td>待遇</td><td colspan="7">每月基本工资　　元 / 月，每月绩效奖金　　元 / 月
其他：</td></tr>
<tr><td>申请人确认</td><td colspan="7">签名：　　　　日期：</td></tr>
<tr><th colspan="8">审　批</th></tr>
<tr><td>部门负责人</td><td colspan="7">签名：　　　　日期：</td></tr>
<tr><td>人力资源部</td><td colspan="7">签名：　　　　日期：</td></tr>
<tr><td>总经理（选填）</td><td colspan="7">签名：　　　　日期：</td></tr>
</table>

三、招聘文案怎么写才能吸引人？

有了《岗位说明书》，就要开始发布招聘启事招人了。现在随便打开一些招聘网站，就会看到很多公司的招聘文案，几乎写的内容都是雷同且干巴巴的，让人实在提不起应聘的欲望。

招聘文案是应聘者了解公司的第一张名片，如果在公司的品牌并不是特别大的情况下，招聘文案的好坏一定程度上决定着应聘者的质量。

不管是正常的文案，还是标新立异的、搞怪的文案，应该说形式并不重要，重要的是能让求职者得到一些有用的信息，所以以下几点是要特别注意的。

以下内容是一定要有的：

（1）企业描述与简介

招聘文案要向求职者介绍企业的相关信息，还要站在求职者的立场，告诉他们企业的行业地位，包括能提供些什么，如工作环境、成长空间等。

这一步要专业而精简，良好的开端给人以良好的印象，也是提升招聘单位形象的关键一步。很多的企业描述是从公司官网上直接复制过来的内容，但是官网上的内容更多的可能是给客户、业务方来看的，所以不一定对求职者有更大的吸引力，可以根据具体情况做一些调整。

（2）完善的职位说明

上一节也提到了《岗位说明书》的重要性，在求职者看到发布的职位后，职位相关说明的内容是十分关键的，专业而吸引人的《岗位说明书》会对招聘起到事半功倍的效果。

比如，招聘教育咨询师这个岗位的员工，可以这么来描述职位说明：

- 招聘岗位：教育咨询师。
- 招聘人数：2人。
- 职位描述（要清晰地描述岗位职责，直接告诉求职者需要做什么，以给适合的求职者更明晰的要求，不适合求职者自然不再打扰，适合的求职者可以自己做决策）：

①根据公司提供的资源，与意向家长进行沟通，给家长解答有关课程、服务及政策的咨询；

②负责根据公司业务流程对学生的学习状况做出分析与诊断，挖掘、定位家长的需求；

③负责促成签约，并为学生量身定制个性化的学习方案；

④协助教务老师，保障学生顺利完成学习任务；

⑤负责潜在学员的回访、跟踪，提高学员的满意度与认知度。

从以上的岗位职责来看，能看到有两个部分的内容，一是第①、②、③、⑤项，这是主要负责的领域，包括了跟家长的沟通，对孩子情况的分析，促成签约，并沟通潜在客户，同时第④项为协助项，并不是以该职位为主，而是协助配合的选项，这样的职位描述就相对清晰。

- 任职资格（即职位要求，一定要写明，这能方便各种求职者做决断，方便他人，即是方便自己，可以给自己减少招聘成本）：

①全日制大专及以上学历，专业不限；

②具有良好的敬业精神，工作责任心强，热爱教育培训行业；

③具有较强的亲和力，形象好，气质佳；

④具有较强的沟通能力及谈判能力，有良好的团队合作精神；

⑤有教育行业招生工作经验者优先。

（3）联系方式

很多公司不会公布联系方式，因为担心咨询和没有预约的直接贸然来访，会给自己的工作程序造成不必要的影响，影响工作效率。这条也视情况而定，如果真是招聘量很大，不妨公布，如果招聘量小，或者说招聘的职位也偏高端一些，那么也可以不公布电话，但地址是要公布的。另外可以注明投递简历即可，勿电勿访之类的话。

（4）福利政策

要想吸引人才，薪资和福利政策十分重要。但并不一定要在招聘文案中把薪资范围标明出来，这样反而有些被动，但是普适性的福利政策是完全可以写上去的，如果公司还有一些独具特色的福利政策那就更好了，如一些提高技术水平的培训或团队活动等。

（5）总结

总之，一份好的招聘信息，在追求专业性描述的基础上，要力求简洁、明确。主要目的是减少招聘成本，减少求职者的决定时间，在最短的时间内找到最合适的人才放在最合适的岗位上。

四、如何建立高效的招聘渠道？

很多公司并不重视建立高效的招聘渠道，只是在用一些最传统的人才招聘渠道，如网络招聘或者招聘会。但传统招聘渠道和目前普遍都在用的网络招聘也存在效率低下的问题。招聘渠道用得好能让企业大为受益。

了解招聘的渠道有哪些才能再谈选择什么。目前的招聘渠道主要有：网络、招聘会（包括校园招聘）、员工推荐、猎头、内部竞聘、离职返聘、HR定向猎聘、派遣外包。

网络招聘最常见的方法，常说的三大网站是前程无忧、中华英才网、智联招聘，现在还有高端一些的猎聘，以及一些根据行业来定向的垂直网站，如拉勾网等。

员工推荐是一种性价比比较高的方式。HR 通过一些激励制度，鼓励员工介绍同事朋友加入企业。一般员工了解公司和候选人，稳定性高。

猎头招聘是效率高但成本也高的方式。难招或急招的岗位通常交给猎头来做。服务费为岗位年薪的 20%—30%。

校园招聘适合需要大批人才并培养的公司。大企业如果在学校设立奖学金，或定向培养、实习。让学生在学生时代就了解公司、接触工作。对以后培养他们是很好的良性循环。

其他的就不一一介绍了。

所以，根据招聘职位的不同应该建立不同的招聘渠道，多管齐下，获得更多的人才资源，同时建立人才库，可以大大提高效率。

五、怎样做好内部招聘？

众所周知，有效的内部招聘可以解决很多人员短缺的问题，如果能够内部招聘解决岗位需求是最好的，省去了不少麻烦。而制定一套好的内部招聘推荐奖励制度和政策，积极鼓励更多内部员工介绍推荐其熟悉的人员应聘是做好内部招聘的关键。

企业发展，人才先行，对于企业招聘而言，人才的获取往往受限制约于企业品牌、招聘人员的能力水平、招聘渠道覆盖程度等。古语：千里马常有而伯乐不常有。从整个企业全局的角度看，人才的招聘不应只是人事部门的工作，人才需求部门及相关部门应积极动员，让内部人员参与招聘，才能尽早找到合适人员。

外部招聘的成本与风险一直是企业难以控制的两大项，随着职位和技术要求的升高，招聘的成本与风险也成几何倍数增加。为了节约成本、降低风险，不少欠发达地区企业、知名度较低的企业也纷纷加入内部招聘的行列中来，向大企业学习；而大公司也通过人才培养和储备的形式为高层次职位谋求合适人选。

1. 内部聘用调岗

用内部聘用调岗的方式进行内部招聘。例如，每年公司对中层干部进行一轮竞聘上岗。主要是根据去年中层干部的工作表现，结合竞聘人员的个人意愿进行内部流动和调整，一年一聘，实现能者上、庸者下的内部人员竞争机制。除此之外，根据内部组织架构和人员配置情况的调整，对人员进行结构性的重新配置，如冗余人员的调岗等。

这是企业主动性的人力资源优化配置。解决的不仅是人员招聘问题，也延伸到了企业人力资源管理的其他模块。

2. 内部选拔补充

随着部分人员的离职，会有一些岗位空缺产生。公司在一定范围内优先适用内部选拔补充。尤其是财务等一些岗位，公司会发布内部选拔通知，根据员工个人意愿在公司范围内优先适用内部推荐选拔。当内部选拔不能达到人员补充替岗的目的时，才会选择外部招聘。

很多时候，企业一些岗位，用生不如用熟。这种内部选拔补充的方式，实现了员工的内部流动，同时有利于员工尽快适应新岗位，进入工作状态。

3. 内部推荐激励

总体来说，内部招聘工作已经成为公司招聘新员工的一个非常重要的方法，效果也是其他招聘方法不能比拟的，特别是针对基层员工的招聘，其员工稳定性高、适应性强。所以很多企业，对于内部推荐，都会制订详细明确的奖励计划。

公司内部实行竞聘上岗，就是为了积极营造“广纳群贤、人尽其才、能上能下、充满活力”的用人机制，也是为了实现“能者上、平者让、庸者下”

的用人原则，让员工在公平的环境中发展，得到提拔，端正心态，正确认识，竞聘成功，是工作岗位和员工双向选择的成功，是员工职业生涯的一次转折与突破；竞聘失败，并不表示职业的失败，也不是对工作能力的全盘否定。无论成功与否都是对员工自身的一次严峻的考验和突破。

六、内部招聘的优劣势分析

1. 内部招聘的优点

内部招聘能为企业现有员工提供晋升、发展的机会，这对员工有很大的激励，有助于提高员工的士气，促使员工更积极主动地工作，从而增加员工对企业的归属感、忠诚度。晋升式的内部招聘也有利于企业内部形成积极进取的工作氛围。与此同时，因为企业强调内部提升，不断为员工提供发展空间，这也将吸引外部的优秀人才前来就职。这在职场上是司空见惯的，很多人跳槽的真正原因不是对待遇不满意，而是明明能力很强却被压着不能升迁，无法发挥自身潜能、实现理想。

另外，由于候选人是企业内部人员，一方面，企业对其“知根知底”，方便考察，有助于提高选聘的正确性；另一方面，被聘者对本企业的企业文化、组织结构及其运行状况相对了解，有利于被聘者较快适应并迅速开展工作。再者，内部招聘还有利于企业组织员工学习、培训的投资得到回报，降低招聘成本。

2. 内部招聘的缺点

内部选拔常常受到人际关系的影响，不能客观公正地进行考核、评价，加上候选人局限在企业内部，选择范围小，招聘质量也会受到影响，而且往往会使失败者产生不满情绪，增加内部矛盾，从而不利于被选拔者开展工作。内部招聘也容易出现“近亲繁殖”现象，在企业内部造成不良影响，给管理工作带来困难，也不利于企业开拓创新。另外，从内部选拔人才会造成岗位空缺，仍需要向外补充人才。

结合过往的工作经历，内部招聘还可能引起部门之间争夺优秀人才，互挖墙脚，不利于部门间的团结协作。

还值得注意的是，长期实行内部招聘会产生“团体”思维，因为同一组织的员工在相同的文化背景下容易被同化，长此以往会造成思想僵化，抑制创新，削弱企业竞争力。

以下为《内部推荐表》的模板，可以将《内部推荐表》放在公司的资料库或者 OA 中供员工下载使用。

《内部推荐表》

<table>
<tr><th colspan="10">推荐人信息</th></tr>
<tr><td>申请人姓名</td><td colspan="2"></td><td>部门</td><td></td><td>职务</td><td colspan="2"></td><td>申请编号</td><td></td></tr>
<tr><td colspan="10">被推荐人信息（请把简历作为附件一起提交）</td></tr>
<tr><td colspan="10">与被推荐人的关系</td></tr>
<tr><td>应聘岗位</td><td></td><td>姓名</td><td></td><td>性别</td><td></td><td>年龄</td><td></td><td>学历</td><td></td></tr>
<tr><td>目前职位</td><td></td><td>职业状态</td><td colspan="3">在职□　求职□
兼职□</td><td colspan="2">最快到岗时间</td><td colspan="2"></td></tr>
<tr><td colspan="10">推荐理由</td></tr>
<tr><td colspan="10">1.
2.
3.</td></tr>
<tr><td colspan="10">推荐人签名：　　　　日期：</td></tr>
<tr><th colspan="10">请按审批顺序依次提交审批</th></tr>
<tr><td colspan="2">用人部门</td><td colspan="8">签名：
日期：</td></tr>
<tr><td colspan="2">人力资源部</td><td colspan="8">签名：
日期：</td></tr>
<tr><td colspan="2">总经理（选填）</td><td colspan="8">签名：
日期：</td></tr>
<tr><th colspan="10">回执（这里输入申请编号）</th></tr>
<tr><td colspan="10">感谢你推荐员工给公司，你的申请已经通过审批，我们会尽快安排面试。如果公司录用了被推荐人，你可凭此回执向公司申请内部推荐奖。
公章
日期</td></tr>
</table>

七、如何做好简历筛选?

发布了职位，陆陆续续有些求职者进行了简历的投递，那么下一个问题来了，如何做好简历筛选呢?

HR 在招聘时，可能每天都要接收大量的求职者简历。为确保招聘的效率和质量，首先是保证在海量的求职简历中筛选出合格的简历而且这一过程要高效。既然如此，首先要定义哪些简历才是合格的，其次是如何提高效率。

所谓合格的简历，就是从简历的内容初步分析，求职者的经验、能力、综合素质等符合岗位的任职要求。千万不要忽视这个问题，实际情况是，很多 HR 在筛选简历时并没有一个清晰的标准，往往导致选出来的简历大多不符合要求，而那些符合要求的简历却被无情地忽略掉了。尽管每家公司都会有不同的标准，但总体上无外乎以下几个方面：

1. 求职者的职业经历与招聘职位的匹配度

这里主要从求职者从事的行业、担任过的职位、取得过的业绩、教育背景和培训背景等方面得以体现。

例如，要招聘一位销售工程师，如果公司是从事大型工程设备销售的，客户主要是建筑商、工程商等，这类销售属于项目型销售，即使不需要求职者具有同类产品的销售经验，至少需要求职者有项目型销售的经历，有与大型集团客户打交道的经历。如果求职者过往一直都是从事快速消费品销售的或是通过渠道销售的，这类简历显然不符合职位要求。

再如，要招聘的是研发工程师，公司从事某类软件的研发，一般需要求职者过往的研发平台、编程语言与公司的相同。也许，有些 HR 会说，这些太专业的东西，HR 怎么会知道，这也就是我们始终提倡 HR 必须了解业务的根本原因之一，如果不了解本公司的业务本质，是很难做好 HR 的，在筛选简历这个环节就已经体现出来。当然，如果是刚进入公司，没有技术背景，可以请研发部门给出一些技术方面的关键词，这种方式短期是可以应付的，但长期来讲，如果想在这类专业性很强的企业里从事 HR 工作，就必须深入了解公司的业务本质。

2. 求职者的综合素质

简历不仅能够反映出求职者的知识、技能、经验等显性素质，还能够在一定程度上反映出求职者细致与否、求职动机、稳定性、对职业规划的清晰程度等隐性素质。尽管从短期来讲，显性素质对绩效的影响比较大，但从中长期和发展潜力来讲，隐性素质更为重要，因此在筛选简历时，除关注显性素质外，必须同时关注简历反映出来的隐性素质。当然，隐性素质的考察更多需要通过面试、心理测试等手段，但简历本身同样能够部分体现。

有些简历洋洋洒洒，把每家公司的职责都写得非常详细，如果是在不同公司的职责差别很大，这样写是必要的，相反，如果只是公司不同，其职责基本一致，完全没有必要每家公司都很详细，完全可以汇总说明，这样安排既能够清楚表述自己的工作内容，也可以减少 HR 阅读简历的时间。这方面不仅能够体现求职者的文字表达能力，也能反映求职者在某种程度上的客户服务意识。相反，还有一些简历非常简单，只有任职的时间和公司名称，这类求职者要么是缺乏服务意识，要么是文字表达能力比较差，要么是求职动机不强，无论属于哪种情况，可能都不是你所招聘的对象。

有些简历中会存在非常明显的、甚至是原则性的错误，如文字、数据、年份之类的错误，在简历这种关乎个人职业调整的大事情上尚且如此马虎，说明求职者很可能就是一个不追求细致的人，这类求职者显然不适合那些对品质要求很高的职位，如会计、出纳、文员、秘书、质检等类职位。

有些求职者会在简历中对曾经服务过的公司做简短的介绍，这类简历无疑是受 HR 欢迎的，因为有时很难从公司名称中了解那些公司的业务类型，也就很难判断求职者的从业经历与所要招聘职位的匹配度，有了这些简短介绍，能够帮助 HR 识别匹配度。这类简历不仅反映出求职者很强的求职动机，也能够体现求职者具备良好的客户服务意识。

3. 求职者跳槽的频率

求职者过往每家公司工作时间的长短是一个很重要的关注点，一方面能够反映出求职者的稳定性，另一方面也能部分反映出求职者的适应性。如果一个求职者每家公司工作的时间都不长，那么他的稳定性是值得怀疑的。即使其频繁跳槽有很多客观原因，也能说明其适应性不强或者对自己的职业定位不清晰。任何人刚到一个新的环境，总会有各种各样的问题，一个适应性不强的人，遇到问题总想回避，跳槽往往是这类人的首要选择。这种频繁跳槽的另外一种可能性就是求职者对自己的职业定位不清晰，今天进入一家公司，工作一段时间后，发现与自己想象的职业环境相差太远，就再次选择，换个环境发现仍然不是自己想象的，于是再次跳槽。对于这类求职者如果不能在后面的深入面试过程中比较客观地识别他们的离职原因，最好不要安排面试，避免浪费彼此的时间。

4. 职业的一致性

除了每份工作的任职时间长短之外，求职者过往职业的一致性同样能够反映出他们对自身职业规划的清晰程度。有些求职者在几份工作中担任几种不同的职位，如销售、人事、财务、文秘，等等。如果说在其最初的职业经历是这样一般问题不大，但如果在其整个职业经历或是最近的几份工作仍是如此，至少说明两个问题，一是个人的职业定位不清晰，二是哪份工作都做不好，只好不仅换公司同时还更换职业类型。

5. 职位的层级及下属人数

职位的层级虽然不能完全反映其工作能力，但至少可以反映其在过往经历中在某一个职能领域所扮演的角色。例如，同样是经理，在其上面有无总监是不一样，如果有总监，一般说明其扮演的是执行者的角色，但如果没有总监，很可能就要承担规划和执行的责任。

至于下属的人数，要从两方面分析。一方面，如果人数比较少，说明没有带领大团队的经历，如果人数比较多，说明有带领大团队的经验。但另一方面，如果是一家小公司招聘，需要经理亲自做很多实际性的工作，那么那些一直带领大团队的经理可能并不适合，因为他们可能已经不习惯或不愿意亲自操作那些很实际的工作了。

6. 薪资状况

求职者的年薪要求能够比较客观地反映出求职者在过往公司中担任的职位类型，甚至能够反映出其所在的公司对求职者所负责工作的重视程度，从而反映出求职者的工作能力和工作业绩。比如，求职者目前的薪资是 5 万元，其职位是 HR 经理，大家都知道一个有一定规模、重视 HR 管理的企业的 HR 经理的合理年薪是多少，也就不难判断这位求职者的工作能力和工作业绩了。再如，一个简历中自称是总监的求职者，如果他的年薪要求是几万元，要么他所在的公司很小，随意给员工发顶高帽子戴，要么他所说的职位是不真实的。如果属于后者，还说明求职者的诚信是有问题的。

当然，在薪资方面，也不要过于绝对，现实中确实有些求职者个人很有能力，但由于各种原因（如候选人长期在薪资偏低的地区或行业，或者是长期在同一家公司），其过往的任职经历中薪资一直都不高，再加上个人性格方面的原因，对未来的薪资要求与市场行情相比也偏低。而且在通常情况下，这种求职者的性格决定了他们对工作是极其投入的。

7. 教育背景

尽管由于大环境的原因，越来越多的求职者其学历教育的专业与其实际从事的职业往往会有差别，但有些职业还是需要有相关的教育背景的，如某些产品的技术含量很高，而且公司在销售环节上又没有足够的技术支持，更多需要销售人员单独向客户介绍产品技术的，事实上，即使公司在售前环节的技术支持力量很强大，销售人员自身的技术能力也同样重要。对于这类产品的销售人员，如果没有同类产品的销售经验，往往是理工科背景的求职者更易于在较短时间内快速理解和掌握产品相关的技术。

8. 培训背景

培训背景不仅可以反映求职者的学习欲望，更重要的是反映求职者对自身职业规划的清晰度。有些简历列出了长长一串培训经历，但仔细一看，培训内容五花八门，如财务、报关、采购师、人力资源管理师、物业师，等等。

从这些培训经历中，很难看出他们将来要往哪个方向发展。这类求职者，除了职业定位不清之外，如果不是自费的培训，甚至不能排除他们利用公司的平台浪费公司资源的可能，他们的职业操守可能存在问题。

通过以上 8 个要点，基本上很快就可以将符合要求的简历筛选出来，如果在遇到部分符合，而简历量又偏少的情况下，也可以留些备用，可先采用电话面试的方式，对不完整的信息进行补充，帮助判断。

八、如何布置面试场所?

有些人可能会很奇怪，面试场所还需要单独来讲吗？正所谓细节决定成败，一个好的、合适的面试场所不仅仅给应聘者带来更好的感觉，也会对应聘者和应聘官的心理状态造成一定的影响。

面试的环境应该舒适、适宜，利于营造宽松气氛。握手、微笑、简单、轻松幽默的开场白、舒适的座位、适宜的照射光线和温度，以及没有令人心烦意乱的噪声，这些都有利于营造舒适、宽松的气氛。

面试的环境必须是安静的。许多面试官喜欢选择自己的办公室作为面试的场所，但难免遇到意外的电话、工作方面的干扰等。因此，一些小型的会议室也是不错的面试场所。

值得注意的是，面试中面试官与应聘者的位置如何安排。面试中有如下 4 种常见的位置排列：

第一种为圆桌会议的形式，适用于多个面试官面对一个应聘者。第二种为一对一的形式，面试官与应聘者相对而坐，距离较近。第三种也为一对一的形式，面试官与应聘者相对而坐，但是距离较远。第四种为一对一的形式，桌子按一定斜度排列，面试考官与应聘者相对而坐，距离较近。

在面试中，如果采用第二种的排列形式，面试官与应聘者面对面地相视而坐，眼睛直视对方，会给对方造成一种心理压力，使应聘者有一种被质问感，更加紧张而不能自如地发挥应有的水平，当然如果面试官想特意考察应聘者的压力承受能力时可采用此种方法。

采用第三种的排列形式，面谈双方相距甚远，不仅不利于面试官从对方的表情、言语中获得信息，而且由于空间的距离而造成心理上的远距离，从而不利于双方更好地合作。

采用第四种的排列形式，面试官与应聘者斜坐着，视线形成一定角度，这样可以缓和紧张，在心理上避免冲突，因而招聘中宜采用这种形式。如果采用第一种圆桌型的排列，同样能达到这种效果。因而，应采用第一种或第四种这两种位置排列，这样有利于更好地进行面试。

另外，安排座次不要把应聘者安排到面朝门的位置，这样面试官在面对应聘者在心理上处于下风，会影响面试官对应聘者的判断。

九、如何做好电话面试?

1. 什么情况下选择电话面试?

电话面试在招聘中并不少见。采用电话面试，有如下好处：

第一，电话面试成本比较低；在电话面试中，面试官可以了解到应聘者的一个基本信息，核对简历，这给面对面的面试省去了一部分时间。

第二，电话面试比较容易将注意力集中在应聘者本身的简历上，而不太容易被应聘者的相貌等因素干扰，因为彼此没有见过面，不会因为见面产生喜恶进而直接影响对人的判断。

第三，面试官可以通过电话确认信息，客观地了解应聘者的真实信息，核对简历，同时也可以通过电话面试来排除不符合公司要求的人。有些求职者在电话面试中，说的跟简历不一样，这样的应聘者一定会被淘汰。应聘者切记在核对信息时一定要跟简历上写的一致。

但电话面试也不是万能的。有必要给电话面试做一个界限，也就是说哪些情况下采用电话面试。例如，花 30 秒确定简历信息大致是符合要求的，但其中一些关键的信息，没有明确或者缺失，那么需要电话确认；或者简历非常优秀，但工作经历或者其他原因导致对候选人的意愿性不是很确定的，为防止误投或者群发的状况，进行电话确认。

2. 电话面试的实操要点

俗话说，不打无准备之仗。在开始电话面试之前，一定要做好准备。想清楚电话面试的目的是什么？确定需要核实的点，准备在面试中要问的问题以及准备记录和评价表单。

如何确定需要核实的关键点？在简历中，出现的矛盾点、职业拐点可以作为询问的疑点进行电话面试时确认的信息。在简历中，如果出现了工作经历的不连续和不完整，这些是需要在电话面试中进行确认的，另外就是岗位职责中出现的大范围的职责，或者是不明确的职责，这些比较模糊的地方需要确认。

3. 准备电话面试问题

电话面试由于空间限制，也不适宜问太多的问题，但是简历中出现的可以口述的业绩或者动机，是可以在有限的时间中问一问的。例如，通过询问业绩中的一些关键事件细节来确认是否是真实发生的，通过询问离职的原因，成就动机等。

可通过《电话面试记录和评价表》提供面试依据。

《电话面试记录和评价表》

<table>
<tr><th colspan="4">电话面试评价</th></tr>
<tr><td>考察点</td><td colspan="3"></td></tr>
<tr><td>技能清单</td><td colspan="3"></td></tr>
<tr><td>业绩追问</td><td colspan="3"></td></tr>
<tr><td>离职原因</td><td colspan="3"></td></tr>
<tr><td>求职动机</td><td colspan="3"></td></tr>
<tr><td>成就动机</td><td colspan="3"></td></tr>
<tr><th colspan="4">核实记录</th></tr>
<tr><td>疑点</td><td colspan="2">漏点</td><td>模糊点</td></tr>
<tr><td></td><td colspan="2"></td><td></td></tr>
<tr><th colspan="4">评价</th></tr>
<tr><td>不考虑</td><td></td><td>推荐面试</td><td></td></tr>
<tr><td colspan="4">说明：</td></tr>
</table>

4. 电话面试中的随机应变

随着电话面试的过程进行，面试官通常有一定的判断，如果觉得应聘者基本合格或不合格，大多都要往吸引或者婉拒的方向发展。那么如何吸引？如何婉拒？

（1）吸引

如果觉得应聘者不错，但对方未表现出强烈的意愿。那么可以在电话中，强调公司的亮点，对于他的一些成就动机和诉求，进行有针对性的介绍。并提供官网、公众号等信息，帮助应聘者进行自我判断，并且一定要在电话面试后推送面试信息。

（2）婉拒

如果觉得应聘者不是特别合适，注意不要直接拒绝，除非是有特别客观、无可辩驳的理由。否则婉言谢绝即可，注意不要留下尾巴，造成对方还在等待的局面。这样其实对双方都好。也可给应聘者留下比较好的印象，同时将简历进入公司简历库，以备不时之需。

十、如何做好面试?

开篇提到“招到合适的人，事业就成功了一半”，有了良好的招聘渠道，获取了很多候选人的简历，那么如何火眼金睛，筛选出真正有实力，且又适合本企业现阶段发展的人才呢？当然是面试。上文所提的电话面试只是一种前期提高效率的简单形式，最终还是要落实到面试这个环节上来。

虽然，现在人力资源的工作也分得比较细，很多公司将人力资源部根据不同的性质做了不同的拆分，如负责组织发展、薪酬绩效等，这样造成一个局面就是很多人力资源部的同人不会在工作中接触到招聘工作，但这并不代表招聘不重要，作为人力工作的基础模块，招聘是每一个人力资源从业者都应该掌握的。

1. 有哪些面试类型

面试类型并不是一成不变的。根据不同的分类，大概能分为以下几种。

（1）根据面试标准化程度分类

结构化面试：是指面试题目、面试实施程序、面试评价、考官构成等方面都有统一明确的规范进行的面试，如公务员面试和一些银行、国企统一组织的面试。

非结构化面试：对与面试有关的因素不作任何限定的面试，也就是通常没有任何规范的随意性面试，如一些企业聊天式的提问面试。

半结构化面试：指只对面试的部分因素有统一要求的面试，如规定有统一的程序和评价标准，但面试题目可以根据面试对象而随意变化。比如，无领导小组讨论等。

（2）根据面试对象分类

单独面试：面试指面试官个别地与应聘者单独面谈。

小组面试：面试指多位应聘者同时面对面试考官的情况，如无领导小组讨论。

（3）根据面试进程分类

一次性面试：是指用人单位对应聘者的面试集中于一次进行。

分阶段面试：可分为两种类型，一种叫“依序面试”，另一种叫“逐步面试”。依序面试一般分为初试、复试与综合评定三步；逐步面试，一般是由用人单位面试小组成员按照由低到高的顺序，依次对应聘者进行面试。

（4）根据面试风格分类

压力性面试：将应考者置于一种人为的紧张气氛中，让应聘者接受诸如挑衅性的、刁难性的刺激，以考察其应变能力、压力承受能力、情绪稳定性等。

非压力性面试：在没有压力的情景下考察应聘者有关方面的素质。

（5）根据面试内容设计的重点分类

常规面试：面试官和应聘者面对面以问答形式为主的面试。

情景面试：突破常规面试官和应聘者那种一问一答的模式，引入无领导小组讨论、公文处理、角色扮演、演讲、答辩、案例分析等人员甄选中的情景模拟方法。

综合性面试：兼有前两种面试的特点，而且是结构化的，内容主要集中在与工作职位相关的知识技能和其他素质上。

目前，结构化和半结构化面试算是比较普遍的做法，而非结构化面试对于面试官的要求比较高，毕竟需要在短短的时间内尽可能多地获取想要的信息，而聊天式的面试，可能获取的信息会比较少。

对于大多数职位来说，基本都会用分阶段的面试法，很少一次性结束。对于一些重要的岗位，三轮以上的面试是家常便饭。

在面试风格的选择上，比较倾向于压力测试，一来可以通过压力测试来观察候选人的反应，二来有些掩饰性的信息可能会在压力测试中暴露出来。

2. STAR 面试法

STAR 面试法是企业招聘面试过程中可采用的技巧之一。其中，“STAR”是 SITUATION（背景）、TASK（任务）、ACTION（行动）和 RESULT（结果）四个英文单词的首字母组合。

那么，什么是 STAR 行为面试法？行为面试，也称行为事件访谈，它是一种效度较高的面试技术。在行为面试中，追问是必不可少的。在面试候选人过程中进行行为事件访谈将会大大提高招聘的准确性。其重点是在过去确实的情景总采取的措施和行动反面，不是假设性的答复，也不是哲理性、抽象性或信仰性的行为。一般就是采用 STAR 法则来深层次挖掘出具体的行为细节来，行为事件法有时也叫 STAR 访谈法。

首先，要了解应聘者工作业绩取得的背景（SITUATION）。通过不断提问与工作业绩有关的背景问题，可以全面了解该应聘者取得优秀业绩的前提，从而获知所取得的业绩有多少是与应聘者个人有关，多少是和市场的状况、行业的特点有关。

其次，要详细了解应聘者为了完成业务工作，都有哪些工作任务（TASK），每项任务的具体内容是什么样的。通过这些可以了解应聘者的工作经历和经验，以确定他所从事的工作与获得的经验是否适合所空缺的职位。

再次，继续了解该应聘者为了完成这些任务所采取的行动（ACTION），即了解他是如何完成工作的，都采取了哪些行动，所采取的行动是如何帮助他完成工作的。通过这些，可以进一步了解他的工作方式、思维方式和行为方式。

最后，关注结果（RESULT），每项任务在采取行动之后的结果是什么，是好还是不好，好是因为什么，不好又是因为什么。

这样，通过 STAR 式发问的 4 个步骤，一步步将应聘者的陈述引向深入，一步步挖掘出应聘者潜在的信息，为企业更好的决策提供正确和全面的参考，既是对企业负责（招聘到合适的人才），也是对应聘者负责（帮助他尽可能地展现自我，推销自我），获得一个双赢的局面。

表 2–4　STAR 法则样例

面试官	应聘者
在你刚刚提到的你带领的团队完成了 150% 的任务，那我想问您一下，当时您是在什么样的情形下完成的	当时我有个客户，我们的团队已经跟踪了 3 个月，拿下来之后，我们那个客户有个朋友，属于同行，急需一批供应商，介绍了我们公司，我们团队进行努力之后，1 个月签下了那个大单（介绍了背景和结果）
你们为什么 1 个月就签下了这个单？一般来说，这种大单的平均周期是 2.5 个月，能分享一下过程吗？（继续追问原因去了解为了完成结果做了哪些工作，采用了哪些行动）	第一，当时客户要得急；第二，我们整个团队确实努力，客户的产品方案，我们平均 5 天提供两个，每天晚上熬到凌晨 1 点。整个过程持续了 3 个星期，期间没有休息 1 天，最后一个星期客户敲定，将订单给了我们（5 天提供 2 个解决方案是做了 ×× 工作，每天晚上熬夜到凌晨 1 点，持续 3 个星期没有休息是行动）
拿下这个客户，对于你个人来说，有什么经验值得和我们分享的？（最后再通过结果来反思得失）	第一，拿下客户需要恒心和毅力；第二，拿下客户的最关键在于为客户创造价值和增值；第三，团队有目标、有任务、有成就感，其根本是不怕苦和累

通过 STAR 法则，一步步追问，将应聘者深层次的思维挖掘出来，有些简历中略带水分的应聘者就会出现逻辑不通，前后不一致的情况，而真正操作过整个过程的则会相对熟悉，有助于 HR 来进行判断，筛选出更符合岗位需求的人员。

十一、面试中的一些技巧及应避免的错误

1. 面试常见错误分析

（1）内容准备不够

有些面试官临时被拉来负责招聘工作，事先对要招聘的岗位要求缺少了解，不知道招聘对方应具备何种能力、专长、学历才能符合岗位要求，匆匆披挂上阵，他们不清楚需要选择哪些方面的问题来发问，采用什么样的方式发问，因而面试效果不佳。所以面试前一定要对职位有所了解，充分准备。

（2）时间仓促

有些大公司在招聘时，由于岗位待遇颇为诱人，因而应聘者云集，而招聘时间不多，因而分配给每个应聘者的时间非常有限，以至于不能对应聘者作出判断。而有些招聘者一边在与应聘者面试，一边还得布置工作，或者应接电话，面试过程经常被打断，使应聘者感到不受重视而恼火，也很容易丧失一些关键信息。

（3）忽视姿态语言

面试过程中，双方信息交流的方式不仅限于语言，也包括姿态和行为。如果对方一连串的表情、姿势与其语言表达的内容一致、协调，那么就可以充分响应对方的陈述，否则很可能受对方的迷惑和欺骗。

（4）缺少语言艺术

面试离不开语言的交流，而说话是一种艺术，语言规范、发音清楚、语速等应予注意。

（5）说得太多

面试的过程是面试官对应聘者进行了解、判断的过程。为了作出正确的判断，首先要对应聘者有个清楚的了解，应该让应聘者多说，多表露自己的观点。而有些面试官忽视了这一点，说得多了，必然听得少，以致不能从应聘者那里获取需要了解的东西。

（6）晕轮效应

晕轮效应，是指根据不完全的信息即第一印象作出的对被知觉对象的整体印象与评价。人与人见面约 5 分钟后就会产生第一印象。最好的办法是用驳回代替确认，即利用预先判断作为假设，围绕其假设进行提问，并试图将其驳回。总之，第一个 5 分钟对应聘至关重要，面试官切不可妄下结论。

（7）轻视应征者

有些大公司由于知名度高，福利待遇好，招聘时候选人非常多，面试官便有些不尊重应聘者的人格，在面试时有意无意地贬低应聘人的才能及过去的成就，故意弄些问题为难应聘者，如此不但不能了解应聘者，反而会使应聘者产生对立、戒备情绪，招不到真正想要的人才，而且也使得公司形象受损，影响雇主形象。

（8）倾听错误

所谓倾听是一种听对方讲话的技巧，可惜的是，面试官在倾听上不下功夫，造成了许多的倾听错误。

（9）联想效应

所谓联想效应，是指当应聘者表露出在某一方面有特长时，面试官便由此而联想到他在其他方面也无所不能。

（10）过于自信

有些面试官过分自信，自认为思想上已有定式，不管应聘者反应如何，他都根据自己事先已经考虑好的东西去判断，这样很容易造成失误。

（11）刻板印象

刻板印象就是指有时对某个人产生一种固定的印象。例如，一听到老年人，马上就认为这是保守的人，认为穿牛仔裤的人一定是思想开放的人，有文身则一定不好管理。这种刻板印象往往会影响面试官客观、准确地评价应聘者。

（12）与我相似

与我相似这种心理因素就是指当听到应聘者某种背景和自己相似，就会对他产生好感，产生同情的一种心理活动。

（13）光环效应

光环效应是指面试官喜欢，或受应聘者的吸引，从而对他们持肯定态度。

结果是面试官“爱屋及乌”，对应聘者回答的问题采取很宽容的态度，而不是客观评价答案本身的内容。

（14）触角效应

触角效应与光环效应相反，面试官会从应聘者所说的话中挑刺。如果有多个面试官参加面试（如面试小组形式），则这种个人好恶偏见的影响可以消除。

2. 面试的各个环节应该注意的要素

（1）确保面试向面试官或面试小组成员提供所需的资料（即岗位规范、岗位描述、应聘者填好的申请表或简历），使他们在面试前有充足的时间掌握有关情况。

（2）应选择合适的地点作面试场所，家具应适当摆放。具体见“如何布置面试场所”。

（3）做好面试的接待工作。

应聘者前来参加面试，大都有一种忐忑不安的心理。虽然都说人与人之间是平等的，但是在面试的环节，面试官的地位天然地会比应聘者高一些。这就要求面试官能理解应聘者的这种心理，进行面试时应设法在最短的时间内使应聘者情绪获得调整，缓和其紧张心情，以便使他们的水平正常发挥。

（4）面谈的结束。

一般在面试官的正式提问后，应给应聘者一些时间、一个机会让他们问些问题，并自由发表一些评论。

面谈的结束应采取轻松的方式。其目的有两个，一是使应聘者感觉受到重视和尊敬，而不是面谈完了彼此分手，这可以引起应聘者对公司的好感，提高公司的形象；二是正式面谈结束后的轻松谈话可真实反映出应聘者的性格和某些观点。

（5）小组面试与一对一面试相比，可以减小因面试官的个人偏见产生的后果（如光环效应或触角效应），而且也能比一对一更全面、从容地掌握信息。所以，在招聘中可以采用两个面试官对一个应聘者，也可以采用多个面试官对一个应聘者。面试时，一个面试官进行谈话，其他招聘者注意倾听，提一些主要提问者忽略的问题。在面试中几个面试官可以交换角色，但不要几个人同时提问。记录谈话内容，以便事后分析。这样做的目的在于消除面试官的主观偏见，力求公正。然而，面试小组人数不宜过多，以免给应聘者造成紧张感。三人至五人的规模比较正常。

（6）要让应聘者多说。

面试官应避免说很长的或评价性的话语。一般面试官的讲话所占时间比例约为 10%，应聘者应占 90%，以应聘者为主体。

（7）对应聘者要充分重视。

面谈应是一种友好地具有目的的会话。面试官应对应聘者的谈话表示相当的兴趣，就如同听一个朋友在讲一个有趣的经验一样，面试官切忌道貌岸然、不苟言笑，这只能导致应聘者的不真实反应。提问应是双方共有的行为，面试官应鼓励应聘者提问题，并坦白地据实回答应聘者的问题。

（8）注意倾听。

所谓倾听是一种听对方讲话的技巧，即把握住说话者的信息含义，了解说话者的情感，并正确理解说话者的谈话内容。应该把全部的注意力集中在对说话者语言的精确理解上，准确地反映出信息发出者传递的情绪强度，了解他的真实内容，然后用自己的语言尽可能准确地把所理解到的反映给说话者。

在面试中听觉的运用是十分重要的。面试中听觉的运用主要是考察应聘者的言语表达行为以及准确地把握面试的节奏、气氛等。在面试中面试官应倾听应聘者的谈话；对应聘者的回答进行适度的反应；当对方的谈话与所提问题无关时，可进行巧妙的引导；在倾听应聘者的谈话时，应边听边思索，及时归纳整理，抓住关键实质之处，不失时机地做出反应；还可根据应聘者讲话的腔调、音量、速度、粗细程度以至遣词造句等言语表达行为来判断应聘者的态度、性格等心理素质。

（9）注意一些提问技巧。

面试官正确地把握提问技巧是十分重要的，不仅可以直接地、有针对性地了解应聘者某一方面的情况或素质，而且对于驾驭面试进程，形成良好的面试心理气氛，都有着重要影响。

通常，面试官的提问方式有以下几种：

- 封闭性提问：要求应聘者做出简单的回答。
- 开放性提问：鼓励应聘者自由发挥。
- 假设性提问：用于考察应聘者的应变能力、解决问题能力和思维能力等。
- 连串性提问：主要考察应聘者的反应能力、思维的逻辑性和条理性等。
- 压迫性提问：主要用于考察应聘者在压力情景下的反应。
- 引导性提问：主要用于征询应聘者的某些意向、需要或一些较为肯定的回答。

应该注意：

- 尽可能采用开放式问题。除简单的“是/否”选择外，应要求应聘者回答一些开放式的与岗位有关的问题。
- 先易后难、循序渐进地提问。面试的问题，一般都是根据重点内容的需求拟定的。在面试进行时，可将那些应聘者熟悉、容易回答的问题排列在前面。这样有利于应聘者逐渐适应，进入状态。然后逐步加大提问难度。
- 注意面试节奏，把握好面试时间。面试要富有节奏感，避免“流水账”。面试应规定一个时间界限，所谈的问题要集中，对每一个应聘者前后要一致，不能前紧后松，或前松后紧，这样的面试结果既不理想也有失公平。一般来说，一次30分钟左右的面试，提10个左右问题为宜。
- 避免暗示性问题。面试的一个重要目的是了解应聘者的真实情况，所以要注意避免暗示性或诱导性问题。应聘者一般稍微有点面试经验，都会顺着面试官想要的答案回答，很难得到应聘者的真实回答。
- 注意非语言行为。人们的语言行为往往是通过大脑的深思熟虑才讲出来的，尤其在面试的时候，应聘者往往事先做过充分准备，他讲话的时候往往把最好的一面反映出来，但是要真正了解应聘者的心理素质，有时应该仔细地观察应聘者的非语言行为，这里包括他的表情、动作、语调，等等。

- 运用标准的评分表。在面试以前，首先应该制定好客观的标准答案，在面试时就要运用标准的评分表来给每个应聘者进行评分。不要一人一个标准，这样很难筛选到合适的人。

十二、招聘的备选方案

上文一直在讨论如何做好招聘工作。目前招聘成本在买方市场虽然稍有下降，但还是很高的。想选择一个合适的人需要投入精力和时间。这个成本常常包括寻找过程、面试、支付代理费以及重新安置和培训新员工等。并且一旦员工被雇用，即使其业绩勉强合格，也很难辞退他。因此，公司在从事招聘之前应认真考虑备选方案，首先考虑能否不必新招入一人来解决问题，或者是在招募期如何应对。

招聘的备选方案一般包括加班、转包、临时人员和租赁员工等方面。

1. 加班

加班是解决工作量中短期波动最常使用的方法。而且加班对雇主和员工双方都有帮助，其优点是：

（1）雇主由于避免了招聘、选择和培训等费用而获益；

（2）员工可以得到较高的报酬。

与利用加班明显的优点相伴而来的是潜在的问题：

许多经理认为当他们与员工一起为公司长时间加班后，公司支付增加而得到的回报减少。员工会变得疲劳并缺乏以正常工作效率完成工作的精力，特别是当需要过度加班时。

2. 转包

将工作转包给另一家企业的方式，即使一个组织预测出市场对它的商品或服务的需求是长期增长的，它们仍可能会拒绝雇用。实践中，当转包商在生产某些商品或服务上更具有专长时，这种方法特别具有吸引力。这样的安排常常会使双方都受益。例如，是否一定要招聘一个法务人员来负责公司日常的法律问题咨询处理，是不是可以采用聘请律师的方式进行，这些其实都是可以探讨的。

3. 临时人员

随着人力成本越来越高，为在职人员配套的管理成本也越来越高，包括社保公积金都是不可避免的。那么就有这样的趋势，从控制人力成本角度且能够保持随工作负荷变动的灵活性，许多组织利用兼职工作人员或临时人员。

临时人员的优点是：

（1）避免了招聘、旷工和人员调整及员工福利所需的费用；

（2）在经济衰退时期，临时人员相当于人力资源的即时存货。这些可自由使用的工人对雇主来说有着极大的灵活性，而且降低了人工成本。

4. 租赁员工

租赁公司以同样的薪水雇用员工，并将他们租给前任雇主。前任雇主成了租赁公司的顾客。员工像以前一样在顾客的监督下继续工作。租赁公司作为雇主则承担着所有相关的责任。

其优点是：

（1）公司使用这种方法后，可以正式解雇一些或大部分员工。

（2）对于顾客来说，租赁员工首要的好处是不必再进行人力资源的管理，包括对福利方案的维护。

第三章

录用管理

——让入职者顺利融入大家庭

终于看中了合适的候选人，就到了录用管理的环节。录用管理的环节看起来非常简单，但在实际操作的过程中要注意很多细节，因为当这些细节没有做好的时候，很可能给后来的人力管理造成一些不必要的麻烦。以下分几个部分给大家作详细阐述。

一、确定录用人选

通常情况下，在面试过程中，很少会有只面试一个候选人，双方就觉得特别合适的情况。一般都会面试很多候选人，然后在多个候选人中进行筛选，那么影响录用决策的因素有哪些呢？

一般认为影响决策因素有三点：

1. 职位类别和级别

不同的工作对从业者的要求不同，这直接影响着录用过程的繁简度，同样也影响到录用决策，招聘一名保洁工人，在公司一般行政经理或者主管就可以决定，面试也只需要进行一次，差不多把薪资待遇、上班时间讲清楚，要是双方没有什么异议就可以安排入岗了，最多不超过两次。而招聘一个高端的总监级别，录用决策则会慎重得多，毕竟位高权重，一个招聘失误，造成的可不仅仅是时间成本的浪费，有可能还会给公司带来不必要的损失。所以一般中高级人员，除了面试轮次的增加，还会增加一些背景调查环节等。

2. 录用责任的因素

在许多企业中，录用员工一般是由人力资源部和业务部门共同做出决定。

随着企业中职位越来越复杂、企业规模不断地扩大，经理和主管受到的训练越来越多，在企业中，部门经理对录用决策所负的责任也越来越大。

3. 科学测评方法的使用

在招聘之前已经讲过招聘需求分析，如果对于该职位分析得比较到位，而对候选人面试时，了解到的信息越多，相对决策就会更容易；随着各种测评方法的逐渐被广泛使用，录用决策者可以从各个角度来评估求职者是否符合职位要求，这些都直接影响录用决策的速度和质量。

最好是选择一个能完成80%工作任务的应聘者，这样的雇员不仅常常会在岗位上待更长时间，而且有更好的工作动机和更大的工作动力。

二、选最合适的还是最好的?

笔者曾经给一家国内知名的房地产公司做过咨询，在一次人才测评的项目中，恰好遇到该公司为某一个项目部选拔一名总经理。候选人有两个，第一个学历好，资历深，所做的项目都很好，在公司内口碑也非常不错；第二个学历一般，比较年轻，冲劲儿大，但缺乏稳重。

公司领导和人力资源部在两个候选人的选择上摇摆不定，做了人才测评也无法让他们下定决心。作为第三方，我们自然无法代替对方来做决策，但在和总经理进行沟通的时候获得了如下的信息：该项目做起来难度很大，有很多关系还没有摆平，团队也没有组建到位，后面的一切都是未知数。于是我们向领导建议，第一个候选人虽然看起来很合适，在公司里面的资历也深，但是性格中缺乏一定的冲劲儿，如果是一个较为成熟的项目交给他来运作的话，是一个非常合适的人选，但是如果是这样一个充满未知风险的项目，选拔一个有活力有闯劲儿的年轻管理者去进行开拓也许更好。最后领导拍板派年轻的候选人去了项目部，几年下来运作也非常不错。

回到录用决策的问题上，人都是双向的，没有绝对的好与坏。就比如性格外向这个事情，在选拔销售人员时可能就会很好，但在选拔财务人员时，就没有必要作为一个重点考虑的因素。还有一些处于创业期的公司，是不是在初期就一定要赌上很高的人力成本去请高级别的员工，从多年的经验来看，最好的不见得适合每一个组织。

1. 录用标准不要设得太高

在选择优秀的人与合适的人之间，更应该倾向于最合适的，因此在设定录用标准时不能因为候选人的原因而调整过高。这个常见的问题会出现在面试时看上了一个背景特别突出的候选人，且双方最开始表现出对彼此感兴趣，而最终对方拒绝了你的 offer，如果该岗位以后就按照这个标准来找，这是非常错误的做法。

2. 要留有备选人名单

在备选人的名单中，一定要注明录用这些人的优先次序。首先考虑最合适的人，如果这个人符合各种录用条件，那么就录用他；如果他不符合录用条件，就考虑处在第二位的人选，依次类推。即使后面没有录用的人也应该进入企业的人才库，当出现岗位空缺的时候，可以从企业人才库中优先考虑备选人员。

3. 不要犹豫

给候选人 offer 万不可抱着再看看的心态。这个和买房子的道理是一样的，看了很多的房子，总能挑出这里或那里的毛病，最后回过头来还想要第一套，结果第一套已经卖掉了。心理学家做过试验，做决策的时间不要太久也不要太草率，一般用来观察的时间应该控制在三分之一左右是最好的。

打一个比方，如果企业要在一个月内找到一个合适的人，假设条件是市场上有这样的人才，而且也能约来进行面试，那么在一个月的头三分之一的时间，不做决策只进行面试，在过了三分之一的时间后，就对之前面试的人进行排序，如果在后面的面试中发现比之前见到的最好的还要好，那么不要犹豫，可以定他了。这样做不见得能找到最好的，但是此类人选可以让企业极大地避免较差的人选以及减少后悔的风险。

三、如何给候选人一份合理的薪资?

既然确定下来候选人，那么就该和候选人谈谈薪酬了。由谁来谈薪酬呢?一般来说，是由人力资源部来和候选人进行薪酬的谈判。一是人力资源部掌握着公司整体的薪酬情况，对于整体和部门的薪酬预算有一定的了解；二是人力部门有一定的薪酬谈判技巧，即使出现分歧，也可以作为中间人在公司和候选人之间进行斡旋调整，直到达成共识。

1. 制定薪酬需考虑的三个要素

人力资源部根据公司薪酬策略以及对应聘人员的面试甄选结果，与用人部门一起确认待录取员工的薪酬。根据市场价格及对求职者的专业、经验面试评估结果，确定求职者的大致薪酬区间。

根据本公司薪酬政策、部门用人需求特点确定能够给予新员工的最高线和最低线，最后再确定新员工试用期和转正后的薪酬水平。

2. 设定候选人薪酬区间

对于绝大多数的一般企业来说，一个职位的薪酬往往是一个范围，根据候选人的胜任力水平决定具体的薪酬水平处在这个范围内的什么档次。比如，同样是销售人员，刚工作 1 年的和已经工作 3 年且有一定客户资源的在基本工资上应有一定的差异，所以基本上都会设置最低值和最高值。

3. 以上文讲的销售人员来举例

假如在某公司中销售专员岗位的基本工资范围为 5000—7000 元，根据候选人的胜任能力、硬性指标、行业和过往经历，来进行定夺。而候选人的胜任力水平可以用 5 个等级来衡量。

表 3–1 候选人胜任力水平等级

A 等	在各项胜任力上均很优秀，超出职位的基本要求
B 等	在大部分胜任力上超出职位的基本要求，没有明显的缺点
C 等	主要胜任力上超出最低限制水平，在一些较次要的胜任力上有些不足
D 等	在主要胜任力上能达到基本要求，有比较明显的不足
E 等	在某些胜任力上有明显不足，但可以通过未来的培训与锻炼得到发展，迫于补充职位空缺的需要可以录用

硬性指标包括学历、年龄等限制性因素。当然你要在需求分析的阶段把一些硬性指标理解清楚，有些用人部门在描述职位（JD）的时候，基本都是按照惯例去写大学本科学历、英语流利等，实际上可能在工作的时候一句英语也用不上，所以这些硬性条件是否成为选拔的主要因素是要商榷的，要找到真正影响录用决策的硬性因素。

还有就是过往经验，如某些职位非常需要行业经验，而候选人如果有在同行业的经验甚至是直接竞争对手的工作经验，那是可以大大加分的。但是某些职位对行业经验要求的很高，甚至希望来自不同的行业能够带来不同的声音和思考，那么行业经验就不那么重要了。还有就是工作 3 年的人和工作 10 年的人所经历的事情和积累的行业人脉也是不一样的，这些都要囊括到录用决策中去。

这样，在决定一个被录用的候选人的薪酬水平时就可以将其胜任力水平、行业经验、过往经验以及硬性指标与薪酬水平对应起来。可以采用加权平均的方式确定最终薪酬。

了解候选人原来的薪酬水平有利于对候选人的期望值做出一个正确的判断——大部分人之所以离开原来的工作岗位都会或多或少因为对现有薪酬不满。这里面要搞清楚候选人过去的薪酬结构、标准、发放方式等，还要明确每个月实际发放的数额。通过验证获得候选人过去薪酬的第一手信息。很多公司按照过往的薪酬标准进行 15%—20%的增长，这是通用做法，然而这样做极有可能错失一些在原有公司工作多年但薪酬增幅有限的员工。此种方法只做建议参考，可根据企业实际情况，采用最合适的方法。

四、薪酬谈判应避免的情况

有些公司喜欢在一开始就公布职位的薪酬范围，甚至在招聘网站上进行公开。目前不评价这种做法的对与错，毕竟这种做法可以筛选掉一部分对薪酬期望过高的应聘者，节省双方的时间，但这种做法对公司不利。公布出自己的底牌后，易在与候选人进行薪酬谈判时处于劣势，同时也向候选人公布了公司的薪酬范围，不利于公司薪酬制度保密。

可以采取折中的做法，第一，在招聘网站上填写面议或者增大薪资幅度，这样有些想通过这种方式了解你公司薪资结构的人基本不会得逞。第二，在和候选人沟通的时候，保留薪酬范围的上限，只告诉应聘者薪酬范围的下限及中间值。这种做法一方面可以替公司筛选掉对薪资有过高预期的应聘者，另一方面又保留了谈判空间，遇到经验丰富或者条件极佳的应聘者时，还可以有往上调整的弹性空间。

五、薪酬谈判技巧

1. 谈判前准备

薪酬谈判前，要确认好候选人的原来薪酬数、面试测评结果等，同时与业务部门沟通确认好公司可以提供的薪酬待遇；不能做无准备的谈判，因为只要薪酬数一旦从应聘者口中说出，除正常谈判导致的浮动外，随便的更改薪酬基数会给候选人以不好的印象。

2. 谈判技巧

如果应聘者目前的薪资低于公司预定的最高薪酬，这段差距便是谈判的空间；如果应聘者目前的薪资高于公司预定的最高薪酬，招聘者必须把说服的重点放在职位的其他优势上。例如，领导不错、发展机会好、上升通道等。

如果应聘者目前的薪资高于公司预定的最高薪酬很多，招聘者应该立刻诚实地告知应聘者，以避免浪费双方的时间。当公司诚实地告知应聘者，虽然公司很希望聘请他，但是真的无法支付如此高的薪资时，有时候应聘者甚至会因为喜欢工作内容等原因，而在薪资上主动让步。

如果对于薪酬，双方预期值有差异，但可以进行沟通时，请不要单说现金收入，毕竟薪酬是一个综合的概念，每个公司在自己的“薪酬福利包”中采取的策略是不同的，有的公司比较注重现金的薪资部分，而有的公司则比较注重多样化的福利方面。这些情况都应该在招聘录用时与候选人进行清楚地沟通，特别要强调自己公司的一些独特的吸引人的薪酬福利政策。有些福利是你习惯认定这是公司应给予的部分，但是在候选人那里也可以变成一部分的考虑因素。

六、发出《录用通知书》

1.《录用通知书》的法律效力

现实工作中，招聘的最后一个环节，往往给拟录用的候选人发送《录用通知书》，《录用通知书》也称“offer”，原是外资企业常用，现在各类用人单位均也习惯采用。在很多用人单位眼里，《录用通知书》不是正式的劳动合同，没有法律效力，在《录用通知书》的设计、发送及撤销方面比较随意，由此也导致了不少纠纷，用人单位因此败诉的案例也不在少数，要防范《录用通知书》操作中的法律风险，首先需要了解《录用通知书》的法律性质，《录用通知书》的法律性质为要约，根据我国《合同法》第 14 条的规定，要约是希望和他人订立合同的意思表示，该意思表示应当符合下列条件：

（1）内容具体确定；

（2）表明经受要约人承诺，要约人即受该意思表示约束。

内容具体确定，也就是当事人不需进一步协商，受要约人单纯地接受就可以成立合同；经受要约人承诺，要约人即受该意思表示约束，表明要约人把成立合同的最终权利交给了对方，一旦受要约人在邀约的有效期限内作出声明或以其他行为对要约表示同意，承诺即生效，双方之间就成立了合同，产生合同约束力，此外《合同法》还规定了要约的撤销制度，撤销要约的通知应当在受要约人发出承诺通知之前，到达受要约人，但有下列情形之一的，要约不得撤销：（1）要约人确定了承诺期限或者以其他形式明示要约不可撤销；（2）受要约人有理由认为要约是不可撤销的，并已经为履行合同作了准备。

根据上述法律规定，可以看出《录用通知书》一般符合要约的条件，构成要约，也就具有要约的法律效果，实际上英文“offer”就是要约的意思。offer一旦发出就产生相应的约束力，这种约束力主要是约束发出《录用通知书》的用人单位的，用人单位一旦发出《录用通知书》，就要受其约束。一般情况下《录用通知书》也不能撤销，因为《录用通知书》上往往附了期限。而且应聘者可以主张自己相信《录用通知书》是不可撤销的，并已经做好上班的准备，如辞去原工作，当然在《录用通知书》到达劳动者之前，用人单位可以撤回，但实际上这种情形很少。因此，用人单位在发《录用通知书》时一定要慎重，一旦发出就要受其约束，擅自撤销的，会惹来麻烦。

2. 关于《录用通知书》，用人单位应如何避免风险？

用人单位应注意如下几点：

（1）如果不是对方提出必然要求，不必发出《录用通知书》，直接以电话或电子邮件通知其来报到即可。

（2）再三确认需录用该员工的前提下，才正式发出《录用通知书》。

（3）《录用通知书》应附期限限制，应要求报到时提供相关材料，包括体检合格的证明等。一般来说，可以考虑先由应聘者去体检，再发出《录用通知书》，等转正后可以为其报销体检的费用，这部分的费用还是值得的，也可以有效避免未来的纠纷，也不容易落入就业歧视的陷阱。有的用人单位在《录用通知书》上还进一步要求应聘者在一定期限内邮寄回执，否则视为放弃该职位，这样做的好处是避免了用人单位陷入被动的局面，一旦《录用通知书》超过期限，用人单位就可以另行招人了（关于是否邮寄，业内也有争议，用人部门有时会觉得很麻烦，但这种做法的确可以极大地消除风险）。

（4）工资报酬、劳动合同期限等具体信息不必要写进《录用通知书》，非要写的话，可模糊一些。

（5）名称最好不要叫《试用通知书》，也不要在内容中提到试用期，因为违法约定试用期会引发双倍工资的赔偿责任。

如果觉得有条件操作的话，也可以在《录用通知书》里规定劳动者一方的违约责任，如“您签署了本通知并寄回给公司，而又未在本通知确定的日期前报到，将承担本职位 × 个月的薪资违约金”。这种做法是合法有效的，前提是劳动者确实邮寄回了签署的通知。这是在劳动关系建立之前约定的违约金，不受《劳动合同法》第 25 条的限制，当然，实际操作中很多用人单位只不过将其作为一个心理威慑条款，并没有真的打算去追究不来上班的应聘者的责任。

如果发出了《录用通知书》，但是真的不想让应聘者来或者条件有所更改怎么办？

最好是没有这种操作，但是一旦发生了，尽可能采用下面几种处理方式：

以协商解决，避免争议。能够取得应聘者的理解是最好的，如果不能，用人单位确实有过错，造成应聘者损失，协商予以一定金额赔偿也是可以接受的，双方可以协商降低工资待遇录用，这里的工资待遇即便和《录用通知书》不同，但只要在劳动合同里约定，就算是有效的，是以劳动合同为准。

如果协商不成，用人单位又确实不想让应聘者入职，用人单位可以与应聘者签订一个短期的劳动合同，《劳动法》中对于劳动合同最短期限没有限制。或者签订一个较长期的劳动合同，合法约定试用期。若采用前一种方法，则合同到期后可不再续签，但应依法支付经济补偿金，若采用后一种方法，在试用期内，用人单位可以以员工不符合录用条件为由解除劳动合同关系，无须支付经济补偿金，但实操中有一定的难度，用人单位需要依据《劳动合同法》谨慎操作方能合法，操作相对复杂。真要是走向仲裁庭，最终可能还是协商解决，会给予一定的补偿。

综上所述，用人部门应谨慎发出《录用通知书》，发出后又想反悔的，最好同员工协商解决，协商不成，采取签订短期劳动合同的方式较为经济。

以下为《录用通知书》范本。

《录用通知书》

尊敬的________先生 / 女士：

您好！鉴于您提供的入职申请材料和您所取得的面试成绩，经人力资源部核定，并报总经理确认，公司决定录用您来公司工作。

一、职务待遇，劳动合同期限等事项：

1. 工作岗位：　　　　　　　　　　　　　　　　　　　　　　　　　　；

2. 薪酬水平：　　　　　　　　　　　　　　（税前）　　　　　　　　；

3. 工作地点：　　　　　　　　　　　　　　　　　　　　　　　　　　；

4. 报到日期：　　　　　　　　　　　　　　　　　　　　　　　　　　；

5. 劳动合同期限为　　　年；

6. 其他相关事项按照法律规定、企业规章制度的规定和公平合理原则确定，报到后另行签订劳动合同的，相关事项以劳动合同约定为主。

二、本通知书的生效前提：

1. 您提供的求职申请材料，真实客观完整；

2. 您具备胜任本职位的身体健康状况。

三、报到材料：

（此处按照本公司的要求来进行规划，一般来说要求携带的不外乎身份证、学历学位证书、资格证书、与上家公司的离职证明、照片、体检报告等，某些地区可能还会涉及社保转移单，应届生会有三方协议等）

请您携带上述证照、材料，前来我公司订立劳动合同。

四、合意达成：

如果您接受本公司的录用，您可以在收到本通知书以后 5 日内选择：

□将签订后的本通知书回执原件寄回本公司；

□将签署后的本通知书（连同回执）影印件传真回本公司。

如您在 5 日内未作上述处理，也未与公司作进一步确认，公司将视作您放弃了该职位。

五、违约责任：

如您签署了本通知并回馈给公司，而又未在本通知确定的日期前报到，将承担本职位　　个月薪资的违约金。

本次录用联络人：人力资源部招聘专员

联系方式：

××× 公司人力资源部

年　　月　　日

回执

本人愿意接受以上条款，将于指定的报到日期报到，并接受关于违约责任的约定。

被录用人签名：

年　　月　　日

七、避免看走眼——如何做入职审查?

面试通过不等同于万事大吉，如今人才结构复杂，公司在为员工办理正式入职前必须对员工的主体资格进行必要的审查，目的是防止员工的应聘欺诈等现象的发生。审查重点主要包括以下几个方面：

1. 员工的年龄审查

公司之所以要审查员工的年龄主要是防止录用童工及员工虚假应聘情形的发生。依据相关法律规定，公司雇用童工的，至少会处以 5000 元以上的罚款。

2. 员工的学历、资格及工作经历的审查

如果员工提供了虚假的学历、资格或工作经历，则属于员工虚假应聘，不仅违背了诚实信用原则，公司也不可能选择到真正的人才。如果公司有证据表明员工提供的学历、资格、工作经历是虚假的，可主张解除与员工签订的劳动合同，且公司无须就此对员工给予经济补偿。

3. 查验员工是否与其他公司存在劳动关系

如果公司录用了与其他公司尚有劳动关系的员工，对原公司造成经济损失的，该公司承担连带赔偿责任，除此之外，还应当对员工是否存在竞争限制进行审查，否则公司继续聘用该员工，并披露、公开或使用其所掌握的商业秘密则与员工构成共同侵权，应对受害公司承担侵权赔偿责任。所以大多数公司都会很重视这个部分的审查。

4. 查验员工的身体健康证明

公司查验劳动者的身体健康证明主要是防止录用具有潜在疾病、残疾、职业病的员工。如果公司录用了以上人员，由于员工在患病期间依法享有医

疗期，在医疗期内公司要按一定比例发放工资，就会增加用人成本，并且在解除劳动合同时公司还要向员工支付经济补偿金，并依据员工患病严重程度承担 50%—100% 的医疗费补助。更严重的是，如果公司录用的员工患有职业病，但是不能证明是在前一公司工作所致，那该公司应与前公司对员工的职业病承担连带责任。

5. 录用的是外国人，则应当审查是否需要办理外国人就业手续

除了一些持有特殊规定的证件以外的外国人都需要在中国办理就业证，我国的台湾、香港和澳门同胞也是如此。否则公司将会受到处罚。

如果公司未主动要求员工进行信息披露的，那么员工不负有披露的义务。同时，员工即使构成欺诈，公司只能解除劳动合同；公司要想索赔，必须举证。所以，为防止员工欺诈或因员工信息披露不到位而造成法律风险，公司应当采取有效的措施。

6. 就业限制审查

现代商业社会，每个企业都有一定的商业秘密。尤其对于一些知识型、技术型或从事重要岗位的应聘者，原单位很可能与其签订有限制就业的相关法律文件，如竞业限制协议。如此，应聘者进入本用人单位工作就有可能构成对上述协议的违反。因此，HR 在招聘和录用员工，尤其是高管时，应询问应聘者是否与原单位签订有保密协议、竞业限制协议等法律文件，以及该员工在本用人单位工作是否违反了相关协议，必要时还可以联系其原工作单位进行求证。

7. 薪资造假

有些应聘者为了拿到高薪，可能在以往的工作经历中给自己虚拟较高的薪酬标准。

以上基本算是入职审查可能出现的几个坑，那么如何做好入职审查呢？

（1）做入职审查要告知应聘者

入职审查在一定程度上可能触犯了应聘者的隐私，为了互相全面了解，

获得互相合作的机会，在征得应聘者的允许和理解下可以进行。可以在《应聘人员登记表》中设计一栏“背景调查”，让应聘者提供最近工作的单位，并提供证明人及联系电话（严格的可要求提供直接上级的姓名和电话）。

《应聘人员登记表》需要应聘者签字，并声明所填的信息都是真实的。这样做相当于已经告诉应聘者后续可能会做这样一个工作，那么应聘者将谨慎、负责地对待表格所填写的信息。而应聘者也能理解企业谨慎录用人的行为，不会导致应聘者反感调查隐私甚至投诉公司这种做法。

（2）不对应聘者未离职的单位进行调查

如果向应聘者正在受雇用的公司了解情况的话，会给应聘者的工作带来不便。而且一定是发出《录用通知书》后才可以做入职审查。

（3）在面试过程确定背景调查的重点

应聘者的很多信息可以通过面试进一步收集，通过判断，对面试中应聘者提供的有疑点的信息在背景调查时需进行核实。例如，工作时间、在工作中承担的角色、工作的真实业绩等，这些疑点需要在面试时就进行记录，作为背景调查的重点。在进行工作经历背景调查时，一般重点对最近两份工作的经历进行了解与核实。如果最近两次工作经历时间都不长，而且受雇的公司比较多，可以重点调查 5 年内的工作经历，因为最近的工作经历能更好地反映其目前的能力状态。同时，对于经常换工作的应聘者，需要更多地了解应聘者离职的原因。

背景调查主要了解应聘者提供的信息是否真实及应聘者未曾提到但与工作密切相关的信息，了解的主要内容包括：工作的职位角色、工作经历的时间是否吻合、离职的原因、工作的表现如何等。在背景调查时不一定面面俱到，但是一定要把关键的信息收集到，如面试中发现的重要疑点。

（4）电话入职审查时把握重点，礼貌有效提问

调查人员做背景调查时应简单的自我介绍，要礼貌、语言得体。充分考虑背景调查信息提供者的时间，把握重点，对于对方时间紧急的，问问题也不必面面俱到。

八、当心被候选人放了鸽子

好不容易招到个合适的候选人，定好了某天入职，结果收到候选人的短信，说因为种种原因不来了，对 HR 来说简直绝望。

有些 HR 不死心，打电话过去问，原来有别家单位也给他发了《录用通知书》，薪资待遇、地点都比较符合他的预期。遇到这样的情况，HR 怎么办？

1. 调节心态，做好总结

对于被应聘者放鸽子的事情可谓再正常不过了，面试从邀约到正式录用的过程中总会遇到各种各样的问题，需要 HR 调节好自己的心态，多做总结。几乎没有 HR 不被放鸽子，所以遇到这种情况，也应冷静对待。

2. 沟通回访，表达祝福

候选人选择另一家待遇、福利更好的企业属人之常情，所以即使沟通回访得知了对方不能入职的原因，也不要兴师问罪。要明白沟通回访的目的是要了解候选人放弃的主因为何，避免下次招聘再出现这样的情况。

HR 可以这样说：

- 表示祝福，希望他能好好干。
- 认识你，很开心，如有机会可以合作，保持联系。
- 如果有合适人选，欢迎积极推荐。

痛定思痛下，还是要治标又治本，现在大多数企业招聘中，确定入职候选人后被放鸽子，其主要的原因还是企业知名度不高，吸引力不够。有的 HR 表示不服，说我们的预算就是比大公司低，待遇一般，所以人家有了更好的自然不来了。其实候选人除了薪资以外，还有一些别的考虑因素。

解决此类问题，可从以下两个方面出发：

（1）可以多储备几个候选人，从中筛选最符合自己企业的作为第一人选，并预留 1—2 个替补。

通常情况下，如果在面试过程中，应聘者的综合能力和素质远远高于公司职位的需要，且他的诉求公司也很难满足，这种情况下候选人越优秀的就越应该放弃，用现在的话说不是你的菜，即使现在过来了，融入不进来，很快也会离开。同时在收到比现在条件好的 offer 的时候，会毫不犹豫地放你鸽子，最后只能自己很被动。所以挑选合适的、匹配的，同时再备两个替补是非常正确的做法。

（2）建立自己的雇主品牌。

可能有的 HR 小伙伴会说，我们是个小公司，好像做雇主品牌也没人知道，而且做雇主品牌还挺耗费时间和金钱成本的，有没有必要做？其实即使在当下企业产品知名度不高的情况下，也应该从打造企业文化、弹性福利、办公环境、发展空间等方面出发，营造一个能够吸引应聘者的工作环境。要知道有些看起来名声很好的公司，其实整体薪酬并不是行业领先，甚至可以说是又辛苦，挣得还少，但还是有很多人趋之若鹜，原因不过是工作的自豪感和成就感更强烈一些。

通过上面两点，基本可以将被候选人放鸽子的概率降到最低。

第四章

入职管理

——将风险扼杀在摇篮中

入职管理好像很简单，很多公司负责人甚至人力资源部的负责人都认为找个刚毕业的大学生就能干。但实际上入职管理涉及的方面很多，这背后引发的劳动关系争议也很多，所以要重视新员工的入职管理。有很多事后发生的问题其实都是初期办理入职的时候就留下了，所以要特别重视。

- 不能草率办理入职手续；
- 入职手续关系到企业与劳动者的权利和义务的知情权，一定要谨慎；
- 重视入职手续，可避免人力资源管理工作从一开始就出错。

下面就从几个方面来阐述如何做好入职管理。

一、入职管理的工作流程是什么？

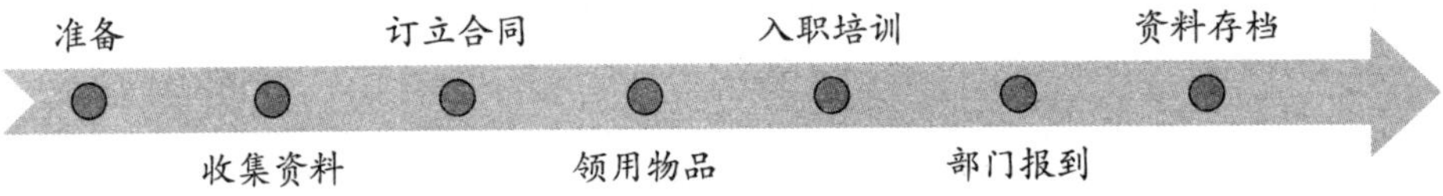

图 4–1　新员工入职标准流程

从标准流程来看，新员工入职有 7 步。

1. 准备工作

一般公司需要做好迎接新员工入职的准备，包括表单等。有些公司可能还要求邮件通知其他相关部门做好准备工作等。

2. 收集资料

《录用通知书》上所示的入职材料，要统一收集，尤其是真伪要查验一下。

3. 订立合同

本章会对订立合同做简单阐述，由于订立合同的重要性和复杂性，后面会用完整的一章进行讲解。

4. 领用物品

这个环节是对于新入职员工领取工作时的必备物品，包括对员工使用公司物品进行管理。

5. 入职培训

通过入职培训可以让新入职的员工快速了解公司的规章制度、企业文化等内容，帮助新员工更快融入团队。

6. 部门报到

一般都是由 HR 带领新员工与入职的部门负责人或直接上级见面进行交接工作。

7. 资料存档

入职管理的最终环节即为资料存档。对于入职的新员工，提供的所有材料，应该整体放入一个档案袋中进行保存，封面应写明员工的工号以及档案袋中的资料有哪些。未来涉及该员工的所有人事资料都应及时放入该档案袋中，包括培训管理、绩效考核分数、调岗表单等，未来离职后再保存一段时间，以备不时之需。

二、如何做好入职引导？

1. 为什么要做入职引导？

招聘难、流失率高是不少企业头痛的问题，特别是对于目前大多数的中小企业来说是一个巨大的挑战。中小企业能支付给员工的薪资水平有限，相对来说对应聘者的吸引力较低。HR 费尽千辛万苦招到合适的人，来了没多久就又走了，不仅让之前付出的招聘成本付之东流，而且对其他员工也造成了不良影响。

员工入职后的第一天、第一周、第一个月是员工的不稳定期，企业对新员工有考察，新员工同样对新公司有考察，如果他们觉得这个企业的文化或是这个岗位不适合自己，就很可能会马上选择离开或是有骑驴找马的心态。这种离开的速度是很快的。

新员工刚入职时，公司在他脑中的概念是一张白纸，刚开始接触到的东西会投射到他未来的工作中，并随着时间的推进不断演化。如果刚入职接触的都是正能量的气氛，那么后期的工作他也会更多的带着正能量。如果入职的时候和他对接的人都是满腹抱怨，员工就容易有掉进陷阱的感觉，对自己的未来一下子充满了迷茫。

虽然之前的面试过程中和入职前已经直接或间接地对企业进行过一定的了解，但入职后才开始“亲密接触”，所以企业一定要做好新员工的入职引导工作，让新员工在这里有一个优秀、扎实的开始。

（1）让新员工在陌生的新环境中感到温暖。怎样让新员工感到温暖？这体现在很多小细节中，如新员工的直接领导带着新员工认识一下大家，特别是将来工作时要有较多往来的同事，第一天的中午不要让新员工独自午餐，很多老板可能会以为，这点谁不知道，可是，新员工的直接领导可能就没注意到这点，或者是有事抽不出身。

（2）在新员工刚入职的几天内，作为管理者一定要多抽时间去跟进。去询问员工是否适应这个环境，有哪些方面需要帮助，对工作方面有什么理解，多去指导他的工作。一定要让员工感觉到你是真的在关心他、帮助他。这项工作最少要持续 3 天。

（3）HR 除讲清制度、规定外，也要多给新人讲讲公司附近的用餐、交通状况等，公司会举办哪些活动，等等。问问他的兴趣爱好，帮助他尽可能快地融入公司的大家庭中。

（4）对新员工的培训与发现。为了让新员工尽快熟悉工作、融入角色，入职培训就必不可少，不要因为是初创企业就跳过这个关键环节。没有时间、财力做系统、深入的培训，也要针对企业文化、产品或服务、团队等做精要的培训。而且，这个培训不是随便指派个人就可以做。也不要说给你一个文件你自己去看，有问题来找我。

另外，新员工是企业新的血液，会为企业带来新思维、新思考以及原来积累的一些经验。企业要好好挖掘新员工的这些财富。新员工还未被企业的环境以及形成的一些定式所同化，他们通常能针对企业的产品或服务等提出不错的建议，但企业首先要保证言路畅通。

2. 入职引导的操作方法

入职引导，可以做以下工作，根据每个公司实务中的操作可能有所区别：

（1）公司管理

介绍公司考勤、加班、请假等各项人事管理制度和员工手册；

介绍公司组织架构和部门大概业务流程；

安排办公位置（电脑、电话、邮箱、复印件、打印机等的使用）、发放工牌、内部通信录、办公用品等，可以让部门同事写欢迎邮件，让新员工打开邮件时可以看到，HR 还可以把电脑开机密码等一些小提示做成小卡片放在新人桌上。并且把一些新员工经常会问到的事情做成小手册或者小文档供新员工随时查询。

（2）工作和生活安排

引领新同事与相关部门主管和同事引见，让部门之前已经安排好的导师带其熟悉新环境。导师制是比较好的一种方式，可以考虑给新入职的员工配一个工作上的导师和生活上的导师，当然也可以两者兼顾。工作上的导师给予指导能让新员工很快投入工作流程中，而生活导师的作用是让新员工感受到公司大家庭的温暖。这对稳定新员工入职后的情绪波动是很好的方式。

学习《岗位说明书》和操作指引。要求新员工了解《岗位说明书》是很有必要的，有些公司连基本的《岗位说明书》都没有撰写，这也是人力工作比较初级的一种表现。让新员工了解《岗位说明书》并认真学习，同时在《岗位说明书》上签字，以表达对于岗位职责的熟知和认可。这是将来做工作计划、绩效管理的基础。如果配上操作指引，可以让新员工更快地融入工作，而公司也尽到了培训的责任。

让新员工了解试用期培训和工作安排以及绩效考核指标等。公司可以把员工在试用期内每个月需要学习的知识和工作任务、目标等做成表格，每个月管理者需向导师及新员工了解进度。在刚入职的一周内，导师或者管理者需对新员工特别关注，可以每天安排半小时约新员工访谈，对其一天的工作进度进行了解，及时指导。

生活导师可以介绍公司附近交通、用餐、购物等生活情况，建议 HR 或者部门同事前一周都和新员工一起用餐或者一起下班，带其熟悉新路线。当然大批量的入职新员工，这个过程是否需要持续一周根据情况而定，不过大批量入职新的员工，反而能够使新员工较快融入，毕竟新进入的员工之间有个互相支持的动力。

（3）工作小贴士

引导手续繁杂，HR 可以建立相应流程和表格，把每一项需要引导的事情做到表格里面，如表格里注明发放工牌、介绍部门同事，等等。每次做入职流程时可以随时检查是否有遗漏。

入职引导不仅仅是 HR 的工作，很多用人主管可能由于工作忙或者不重视对新员工的入职引导工作，HR 除了做好自己的引导工作以外，还需要关注部门主管对新人是否有及时安排工作等。并且在适当时机给各部门主管培训些非人力资源的人力资源知识。

建立完善的导师制度，每个导师带的新员工不超过 2 人。

三、如何进行资料收集与确认？

《录用通知书》要求员工提供的相关资料并不是可有可无的。在前面的《录用通知书》的环节讲到各个公司可以根据自己所在组织的情况，要求新入职的员工要带哪些材料，但比较标准的有如下选项。

表 4–1　入职材料说明

材料	备注说明
身份证	这个似乎不用详细阐述了，几乎办理任何事务都需要的证件。主要用于确认劳动者实际年龄，第一次办理社保手续或公积金开户等
毕业证书、学位证书	证明员工文化水平的凭证。在简历中通常也都会写得很清楚，这个环节重点关注证书类型
资格证	某些岗位需要一定的资格证才能上岗，如会计或者一些技术工种等
离职证明	证明新员工与原来的企业结束劳动关系的证件。只有新员工结束了劳动关系，才能与新的公司签订劳动合同，否则是不能录用的
体检报告	了解员工最近身体健康状况。除了某些行业必须持健康证才能上岗的规定之外，现在大多数的疾病都不能作为公司拒绝该员工入职的理由，但为什么还要体检报告呢？原因是我们至少可以通过体检报告了解该员工在入职前患有此病，这样即使后期查出此问题，可以很容易界定责任，避免一些不必要的纠纷
竞业限制说明	如果新员工与原公司签署过竞业限制协议，那么企业要慎重用人。不然，公司可能会承担连带责任的风险

关于离职证明还有几点要说明。

实践中可能出现如下的情况，新员工入职那天表示离职证明前一家公司还没有开，需要等一段时间。这要警惕两点：1. 如果时间不长，那么就等新员工拿来了离职证明才能签订正式的劳动合同；2. 如果时间较长，那么就要考虑对方是否还没有和前公司解除劳动关系。

再一种情况是入职者拿来了一份很久以前的离职证明，并表示这段时间家中有事没有上班，这样的情况也要注意，极端的情况是这几个月入职者可能在一家公司有劳动关系，至今日并未解除。

遇到这种情况通常在入职之前对于应聘者工资额度查验是可以查出来的。比如，要求应聘者提供税单，如果是连续的话就反应出问题了。

一般带有如上所说的几种材料就差不多了。有些地区会有一些变化，比如上海会有劳动手册之类的材料。可以根据所在地区和公司的情况进行删减。

还有一种是入职员工无法提供《离职证明》怎么办？

1. 人力资源部可以与入职员工原单位联系，确定该员工的劳动关系解除情况，如有需要，最好对通话进行录音以便为日后发生纠纷保留证据。

2. 与员工在签订劳动合同的时候，要求入职员工出具一份证明，承诺其已经和原单位解除了劳动关系。如果因为虚假承诺，而使得公司承担对原单位的连带赔偿责任，则公司有权对劳动者进行追偿。

四、如何签订劳动合同?

劳动合同的订立会在后面的章节里详细阐述，这里只进行简单描述。订立合同在流程中，可以排在第四位。其实，在流程中没有明确的要求。只要在新员工入职一个月内签署都不算违反《劳动合同法》。但切记要在一个月内签署，曾经接触过个别公司 HR 因为没有给入职员工做档案的习惯，所以出现了跟某些员工忘了签订劳动合同的乌龙。这种情况往往对公司很不利，因为很难界定是企业不愿意订立，还是人力资源部真的忘记了，这个问题要追究起来会引发很多问题，所以切记要在新员工入职一个月内签订相关劳动合同。

另外要注意的是，劳动合同一定是劳动者本人签字，千万不可由他人代替签字，否则将导致合同无效。

五、如何做好入职培训，帮员工渡过第一道坎?

1. 为什么要做新员工培训?

经常会遇到这样的情况：新员工在入职的第一周或者两周内离职率是最高的。您会发现，花了好长时间招到的员工在一夜之间就不来公司上班了。留下的人也会有这样那样的抱怨，开展工作也不是非常顺利，在工作最初几天或几个星期会感到不适应，只有当新员工熟悉了环境，适应了日常工作的细节和程序，理解了公司和部门的期望，让他专心地投入工作才不会有困难。

由于这些原因，所有公司，不论其规模大小，都应举办入职培训。新员工培训有以下几个目的：

（1）使员工了解公司的情况。

当员工越了解公司的信息就越有利于开展工作。新员工对公司的了解往往只局限在原来通过媒体了解的信息和在面试中由面试官介绍的信息。如果他们能够更多地了解公司的历史发展、公司业务、公司未来发展方向、竞争策略和目标等信息，一方面他们会增强荣誉感，另一方面他们会明确自己努力的方向。

（2）使员工融入到组织文化中。

只有员工在意识上和行为上融入公司的组织文化中，才意味着他真正加入了公司。每个公司都有自己独特的企业文化，员工必须首先认同企业的使命和文化，才会心甘情愿为公司做出比较大的贡献，他的努力方向与公司的发展方向才能保持一致。

（3）使员工掌握工作中所需的规则和工具。

员工要想顺利地在公司中开展工作，必须遵守相应的制度和流程。因此，在新员工培训中，要让员工了解公司、业务线的基本要求和操作守则，同时也需要使其掌握在本公司工作必须要用的各种工具、工作方法等，快速适应工作职位要求。

2. 入职培训时间

新员工上班的第一天是开始岗前培训的最佳时间。这时他们还没有接触工作的细节，也不太可能从其他渠道得到不准确的信息。但从组织一个培训班的角度来说，招聘和培训的配合要完美，新员工报到的日期最好能够相对集中，这样才能保证一个培训班具有足够的人数。

3. 参与培训的人

所有的新员工都应该参加新员工培训。新员工培训班应当按照职位、能力类别予以划分，根据不同的职位类别、能力级别划分新员工培训班，如将有无工作经验的新员工分开培训。前者往往是一些刚毕业的学生，需要有人帮助从学生状态进入职业状态，他们没有可比较的经验，也更容易接受公司文化。而那些有过工作经验的员工往往有可能会与新的工作环境不相容，他们已经形成了一定的工作习惯和态度。

由于讨论对培训效果非常重要，所以应将参加培训的人控制在 30 人以内。最理想的人数是 15—20 人。这样做既有助于新员工之间的交流，也便于他们提出问题并获得解答。如果参加人数少于6人，会使他们感到太显眼和不自在。

4. 新员工培训内容

在很多公司，“入职培训”一词意味着让新员工去参加一个通常不超过 2 小时的短会，在会上给他们介绍一下公司的历史、规章和福利待遇，可能主讲的只是一个部门助理。或者是组织了一个 2 天的培训，但主要内容还是公司的条条框框。被培训者通常没有机会互相交流，也几乎没有时间提问题。

在前面提到了新员工培训的目的，也明白了成年人教学的特点，那么有针对性的培训内容是保证培训效果的一个重要前提，新员工培训内容主要包括四类。

表 4–2　新员工培训内容

培训类型	主要内容
团队类培训	通过培训减少团队之间的陌生感，建立初步的信任，同时建立集体荣誉感。团队类培训往往在培训的第一个项目即开始，渗透在各个培训项目中
公司经营类培训	以公司业务和项目介绍为主，同时介绍公司理念、各类经营管理方法、流程。公司经营类培训主要目的是通过培训可以让新员工快速了解公司运营模式、与本职位有关的流程和工作方法，熟悉公司办理各项日常事务的工作标准
业务类培训	以流程和关键点操作技巧为主，业务类培训是新员工入职培训的重要组成部分，一般由部门专家组成讲师团队进行培训！通过业务类培训，使新员工能够了解具体岗位需要完成的工作任务，遵守的工作流程，以及掌握相关的工具方法等
基础管理类培训	针对需要管理人员的新员工开展的培训，管理类培训以提升管理技能为主，包括项目管理、人员管理、资源管理、财务管理等

六、领用物品也要管控

常常见到有些企业在内部控制上做得很糟糕，新入职员工领用物品非常随意，没有必要的留痕，最后离职的时候，如果双方都比较愉快，那可能物品交接时也会比较顺利。但是在员工离职时和公司有些冲突的情形下，如果领用的物品没有归还，企业一般很难追要回来。比较好的方式是做好相关的领用记录和管理规定。

新员工进入岗位工作前，有些必备的物品需要事先领用，无外乎是工作服、办公用品、电脑还有像门禁卡之类的，其他可能还会有些临时的物品，如钥匙之类的。

如何进行员工领用公司物品的管理，不用扣押证件的方式进行，又能有效追踪公司物品使用者的责任？

一般来说，可以由人力资源部或者行政部简列一张员工物品领用记录卡，并做出如何使用以及发生损坏如何处理的规定。离职的时候出具员工物品领用记录卡，一目了然。有损坏的按照规定处理即可。当然，涉及的物品比较多的情况，可以考虑将一些重要物资进行登记，而一些笔、本之类的只要行政部有张表进行记录即可。对于这样的耗材，去追索的意义并不大。

七、如何做部门报到交接？

进行到这一步，人力资源部也就该把新员工领到部门负责人处进行报到了。在用人部门处，就相关事项进行交代和对接。这里有以下几点需要注意：

（1）确认前面的手续基本已经走完，如果有部分程序没有做完，如还没来得及签合同，一定要记录下来，以免遗忘；

（2）与用人部门负责人沟通下一步要进行的内容：包括岗前培训、任务的确定、试用期如何考核等内容；

（3）新员工入职一周内要持续跟踪，观察新员工入职动态，帮助新员工尽快融入公司。

《员工入职登记表》

入职日期：

<table>
<tr><td>姓　名</td><td></td><td>性　别</td><td></td><td>出生日期</td><td>年　月　日</td><td rowspan="5">1 寸近照</td></tr>
<tr><td>民　族</td><td></td><td>体　重</td><td></td><td>身　高</td><td></td></tr>
<tr><td>政治面貌</td><td></td><td>手机号码</td><td></td><td>婚姻状况</td><td></td></tr>
<tr><td>重大疾病史</td><td colspan="3">有□　　无□</td><td>孕否</td><td>是□　否□</td></tr>
<tr><td>入职途径</td><td colspan="5">□推荐（推荐人：________）□网络　□招聘会　□其他</td></tr>
<tr><td>身份证号</td><td colspan="6"></td></tr>
<tr><td>户口类型</td><td colspan="3">城镇□　非城镇□</td><td>户口所在</td><td colspan="2">省 / 市　　区派出所</td></tr>
<tr><td>在京住址</td><td colspan="6">市　　区</td></tr>
<tr><td colspan="2">紧急情况联系人</td><td colspan="2"></td><td>联系电话</td><td colspan="2"></td></tr>
<tr><td rowspan="3">家庭成员</td><td>姓名</td><td>称谓</td><td>年龄</td><td colspan="2">单位</td><td>职业</td></tr>
<tr><td></td><td></td><td></td><td colspan="2"></td><td></td></tr>
<tr><td></td><td></td><td></td><td colspan="2"></td><td></td></tr>
<tr><td>学历</td><td colspan="2"></td><td>学位</td><td></td><td>专业</td><td></td></tr>
<tr><td>毕业学校</td><td colspan="4"></td><td>毕业时间</td><td></td></tr>
<tr><td colspan="2">首次参加工作时间</td><td colspan="3">年　月　日</td><td>仲裁纠纷</td><td>有记录□
无记录□</td></tr>
<tr><td rowspan="4">工作简历</td><td>起止年月</td><td>工作单位</td><td>离职前岗位</td><td>离职原因</td><td>证明人</td><td>原单位人力电话</td></tr>
<tr><td></td><td></td><td></td><td></td><td></td><td></td></tr>
<tr><td></td><td></td><td></td><td></td><td></td><td></td></tr>
<tr><td></td><td></td><td></td><td></td><td></td><td></td></tr>
<tr><td colspan="7">本人在此郑重承诺：本人与其他用人单位未建立或已完全解除劳动关系。所提供的信息、文件、证照等均属本人所有，且真实、合法、有效，公司如对某项信息有疑义，我愿尽力协助公司进行核实，如本人因所提供信息（不仅限于就职信息，健康及疾病史等）虚假、夸大（或社保关系未和原单位解除）无法与公司建立合法劳动关系，本人愿意解除劳动关系相关办法处理。</td></tr>
<tr><td colspan="7">确认签名：
日期：　年　月　日</td></tr>
</table>

第五章

试用期管理

——早发现，早治疗

试用期是指包括在劳动合同期限内，用人单位对劳动者是否合格进行考核，劳动者对用人单位是否符合自己要求也进行考核的期限，这是一种双向选择的表现。

从概念上可以看到，设定试用期是对双方的一种保护，一来对于企业来说可以在一定时间内观察新员工是否具备胜任岗位的能力，或者说新员工是否能够匹配岗位或公司，而新员工也可以通过试用期了解用人单位以及工作内容真实的情况，如果情况和自己的期望有很大的差异，在试用期期间任何一方都可以做出自己的选择。

一、试用期如何淘汰不合格员工?

关于试用期解除劳动合同问题，有不少人力资源管理者认为只要是试用期，企业就可以随便解除劳动合同。然而，事实上这一说法是错误的，企业在试用期内并无随便解除劳动合同的权利。

根据《劳动法》第 32 条的规定，在试用期内，一般来说，只有劳动者在试用期有权随时提出解除劳动合同。对企业来说则需要一定的条件和程序。

根据我国法律规定，在试用期间企业解除劳动合同有以下几种情形：

- 在试用期内证明劳动者不符合录用条件。
- 过失性解除。
- 非过失性解除。
- 劳动者被依法追究刑事责任的。

过失性解除是《劳动法》上的一种学理概念，通常指劳动者存在法定过失事项时，用人单位有权解除劳动合同。其法律依据是《劳动法》第 25 条、

《劳动合同法》第39条，即劳动者严重违反劳动纪律或者用人单位规章制度的，或者劳动者严重失职，营私舞弊，给用人单位利益造成重大损害的，在这些情形下，劳动者被解除劳动合同，企业可以不支付经济补偿金。

非过失性解除也是企业的一种法定权利，是指劳动者出现长期病假，无法从事工作或者不胜任工作等情形时，企业享有的一种法定解除权。但是这种解除需提前30日以书面形式通知劳动者本人，并且需要支付解除劳动合同的经济补偿。其法律依据是我国《劳动法》第26条、《劳动合同法》第40条。

过失性解除和非过失性解除劳动合同，不但适用于劳动合同期，也适用于试用期。但是，采用这两种方式在试用期解除劳动合同比较麻烦，程序烦琐。在实践中很难举证，简言之，如果一个新员工在入职后考勤正常，领导安排的工作正常做，通常证明其存在过失性或非过失性失误都是很难的。因此，在试用期解除劳动合同的法宝是适用“在试用期间被证明不符合录用条件”这一情形。

为什么说“在试用期间被证明不符合录用条件”这一情形是企业解除合同的法宝呢？这是因为相对而言，只要企业规定了具体的录用条件，员工一旦被发现在试用期内不符合录用条件，企业就可以行使解除权，而依据非过失性解除和过失性解除，需要严格的实体认定，比较麻烦。如果以不符合录用条件为由解除，只要能证明不符合录用条件，用人单位就可以随时决定解除劳动合同，且不需要支付经济补偿。

但是，这需要在招聘录用员工前就拟定好明确、具体的录用条件。一般来说，录用条件包括客观资质条件、工作能力条件、职业道德条件。

客观资质条件一般包括：年龄、规定的学位、学历条件、工作经历、经验条件，技术职称或岗位职称证书、外语水平和计算机等级、具备政府规定的就业手续、提供办理录用和社保手续的证明材料、与原用人单位已依法解除或终止劳动关系、与原单位已没有仍然持续的竞业限制关系和其他特定的录用条件等。

工作能力条件一般包括：能胜任工作安排和岗位职责、没有患不能从事该工作岗位的禁忌疾病、其他工作能力条件等。

职业道德条件一般包括：不是被通缉、取保守候、监视居住的人，能正常签订书面劳动合同，能按照规定按时到岗，依法缴纳个税，同意协助办理社保，未隐瞒被法律处罚的事实，未隐瞒被违纪处分的事实，其他职业道德条件如服从领导，团结同事、爱护企业公共财产等。

例如，某企业在招聘员工时的录用条件要求入职的新员工必须诚实信用，否则用人单位有权随时解除劳动合同，这一录用条件在录用时已书面告知员工，并让入职人员签收。但在试用期，该用人单位发现职工张三其实是李四，他是冒用张三的身份信息办理入职的；而王五本来只有专科学历，为了应聘满足岗位需要，又伪造了假的本科学历。如遇此类情况，用人单位在试用期可以很自由地解除这两位劳动者的合同，并不需要支付任何经济补偿。

记住，上述录用条件需在招聘录用时拟定，并公示出来，最好让被招聘的员工签字确认在试用期，发现员工有哪一项不符合拟定的录用条件，用人单位就可以依法解除劳动合同，并不需要支付经济补偿。用劳动者不符合录用条件在试用期解除劳动合同需要 4 个法律要件。这 4 个法律要件分别是：

- 企业存在录用条件。
- 有证据证明劳动者不符合录用条件。
- 《解除劳动合同通知书》应当在试用期内作出。
- 解除通知要说明理由并在试用期内交由员工签收。

从这一点又看出入职培训的重要性，这些文件其实在入职培训的时候都可以一并解决。例如，企业撰写的《岗位说明书》中涉及的明确的录用条件，在培训时就可以让员工理解并签字确认。

二、试用期管理中有哪些常见问题？

1. 试用期的基本常识

一般合同期限在 3 个月以上不满 1 年的，试用期不得超过 1 个月；合同期限在 1 年以上不满 3 年的，试用期不得超过 2 个月；3 年以上固定期限和无固定期限劳动合同的试用期不得超过 6 个月。

用人单位与同一劳动者只能约定一次试用期（即使调岗也不可以再次约定）。

以完成一定工作任务为期限的劳动合同或者劳动合同不满 3 个月的，不得约定试用期。试用期是包含在劳动合同期限中的。

试用期的工资约定：不得低于本单位相同岗位最低档工资或者劳动合同约定的 80%，并不得低于用人单位所在地最低工资标准（这里的最低工资标准是指扣除“五险一金”等费用后的收入）。

2. 可否先试用后签合同

先试用后签合同从逻辑上讲是有问题的，因为劳动期限是劳动合同中的必备条款，只有先签订了劳动合同并约定了合同期限才能约定试用期。所以如果要让试用期成立，必须先签订劳动合同，并且明确劳动合同的期限。先签试用期合同，再签订劳动合同，这样分两步走是不符合法律规定的。

实践中经常遇到某些行业的 HR 跟我说，招聘一些基层人员，结果入职后没几天就发现各种问题导致该员工不能胜任该岗位，或者新员工自己也觉得不适应很快就离职了，而上了几天班还要做工资很麻烦，有些公司就设置出一个试岗期，如一个星期，这入职的一个星期内，如果双方彼此满意，就留下来接着干，继续走试用期的期限，这一个星期也是有薪水的，如果任何一方觉得不适合，产生了离职的情况，这几天也就不存在发薪水的情况。这个操作也是有问题的，所以不要投机取巧，对方一旦仲裁，企业基本败诉。

3. 可否单独签订试用期协议

劳动者和用人单位建立劳动关系，就应当签订劳动合同。试用期是劳动者和用人单位劳动关系的一种表现形式，所以也应当签订劳动合同。劳动者和用人单位双方同意建立劳动关系，用人单位应当在劳动者开始工作之时就与其签订劳动合同。对于新上岗的劳动者，用人单位和劳动者可以约定试用期也可以不约定试用期。如果用人单位与劳动者约定试用期，试用期应在劳动合同中约定。劳动合同是劳动者与用人单位确立劳动关系，明确双方权利和义务的协议，具有法律约束力。签订劳动合同对用人单位和劳动者都很重要，如果发生劳动争议，在申请劳动争议仲裁的时候，有利于维护劳动者和用人单位双方的合法权益。

很多用人单位在招聘员工的时候，先与员工签订一个试用期劳动合同，等过了试用期，经过考核后，再与员工签订正式的劳动合同，这种做法不可取，其中存在很大风险。

如果用人单位单独签订试用期合同，等过了试用期再签订正式的劳动合同，试用期不成立，该约定的期限和劳动合同期限，企业将面临法律风险。

到期后签订的正式劳动合同，以前签订的劳动合同将视为已经签订过一次劳动合同，《劳动合同法》第 14 条规定，连续签订两次固定期限的劳动合同的，续签劳动合同时，如果劳动者没有《劳动合同法》第 39 条和第 40 条第 1 项、第 2 项规定的情形的，就应该签订无固定期限的劳动合同。因此，下次签订劳动合同的时候就需要签订无固定期限劳动合同。

三、如何无风险地延长试用期？

根据规定，员工试用期的期限应当与劳动合同的期限相对应，即假如该员工的试用期延长后，仍然不超过本合同可以约定的最长试用期，单位可以与员工以书面形式变更劳动合同书，予以变更试用期，这种情况属于双方协商一致，没有法律风险，是有效的。

简言之，可以延长试用期，但是延长后也不能超过法律规定的期限。

除此之外，如果单位在试用期内随便延长员工试用期，法律风险是很大的。

1. 超过试用期的，将支付赔偿金

《劳动合同法》第 83 条规定："用人单位违反本法规定与劳动者约定试用期的，由劳动行政部门责令改正；违法约定的试用期已经履行的，由用人单位以劳动者试用期满月工资为标准，按已经履行的超过法定试用期的期间向劳动者支付赔偿金。"

2. 如果在延长试用期满后辞退的，将视为违法解除劳动合同，要对劳动者进行赔偿

如果试用期期限超过了法律规定的上限，超过部分应认定为无效，视为正式用工期限。在此需要特别提醒，试用期应当包含在劳动合同期限内。例如，合同仅约定试用期，则试用期不成立，该期限为劳动合同期限。

所以，从以上内容可以看出，只要是过了法定试用期限，企业方延长或者不延长，给员工转正或者不转正，都视为自动转正，成了正式的劳动合同期限。当这个时候再无理由辞退时，就被视为违法解除劳动合同，要进行赔偿了。

以下为试用期管理涉及的两种工具表单。

《试用期工作任务书》

姓名		工作职位	
所在部门		部门负责人	
直接主管		上岗指导者	

工作任务是：

1.

2.

3.

4. 部门交办的其他工作。

作为 ×× 公司的一名员工，我已明确我的工作职责，并承诺能够胜任本职工作，遵守公司的安全管理规定。

签字：　　　　　　日期：　　年　　月　　日

填写说明：以上工作任务信息请与《试用期考核表》保持一致。

《试用期考核表》

申请转正时间：　　年　　月　　日

姓　　名		性　　别		专　　业	
籍　　贯		年　　龄		部　　门	
入司时间				职　　位	
自我评价	申请人：　　日期：　　年　　月　　日				
部门评语	评语： □完成试用期工作目标 □经试用期确定人员能力符合岗位要求 □同意以上申请人自我评定 □其他： □同意 □拒绝： 签字：　　日期：　　年　　月　　日				
主管领导评语	□经试用期确定人员能力符合岗位要求 □同意以上部门意见 □其他： □同意 □拒绝： 签字：　　日期：　　年　　月　　日				

第六章

考勤休假管理

——灵活又不失原则

考勤，是所有人力工作都绕不开的话题，也是大家比较纠结的地方。考勤的含义不难理解，就是考核检查企业内部员工上下班的出勤情况。

目前，业内也有很多争论，因为并不是每个公司都会设置严格的考勤制度，所以也会有说法认为考勤制度毁掉了员工的主动性和创造性，但是完全放开貌似也不行，这种争论不在本章讨论的范畴。本章只是先讨论如何做好考勤工作。

可以通过哪些方式来了解员工在工作场合及规定的时间内的出勤情况呢？又如何有效记录上下班，迟到、早退、事假等情况？考勤和人力资源管理又有什么联系？这些问题我们一一来探讨。

一、考勤的工作流程是什么？

图 6–1　考勤管理的工作流程

1. 准备

考勤工作的前期准备。有很多公司连基础工作都不做，真到发生劳动争议的时候，才发现这也没做，那也没做，导致很被动。基础工作包括：考勤制度撰写以及发布、宣导，考勤设备准备，考勤流程确立，考勤人员以及考勤权限的确定。

2. 出勤记录

通过一系列的手段对员工的考勤状况进行记录，注意原始数据的积累和保存。

3. 请假审批

解决员工不能出勤的请假问题，包括事假、病假、特殊休假等。

4. 休假安排

国家法定假日的休假管理，也包含员工调休处理以及员工的年假管理等。

5. 汇总核实

不管考勤数据需不需要跟工资挂钩，但是每月的汇总核实是一定要做的，这里需要注意的是要将整理出来的数据由员工一一签字确认。

6. 资料存档

员工的原始考勤数据，包括确认后的签字资料等，都需要作为员工的在职数据存入档案，以备不时之需。

二、考勤方式有哪些选择?

表 6-1 常见的考勤方式优缺点比较

方 式	优 点	缺 点
签字式	签字笔记不容易被模仿，真实性高	浪费纸张且环节比较烦琐
指纹识别	方便	有指模可作弊，另外有些员工指纹打卡比较费力
人脸识别	不可作弊	给员工的感受不好
软件考勤	方便，也可以针对一些频繁外出人员	容易作弊，不容易取证

从上述方式可以看出，随着技术的进步，考勤的方式也在发生变化，但目前来说比较主流的无外乎是指纹、人脸以及一些软件技术。考勤方式的选择体现了公司对于考勤问题的倾向性。一个好的制度是为了引导员工不去犯错，而不是让员工在制度中找漏洞。所以，对于企业而言，多数员工都是表现良好并且可以信赖的，对于喜欢在考勤上做手脚的员工，一旦被发现，一定要严格按照公司的劳动纪律处理，从而建立起正确的风气，避免传染，最后法不责众。

在实践中，通常情况下如果考勤管理做得好，而且员工是因为考勤问题而被解聘，在案例中通常是支持企业。而如果企业做得不到位，基本都是很被动的局面，所以考勤事情虽小，却应给予足够的重视。

三、加班如何管理？

一般情况下，用人单位应该合理安排劳动者工作量。一个企业如果多数员工都需要经常加班，这不是一种正常的现象，必须引起重视。如果用人单位因企业自身生产特点无法避免加班情况的，建议企业要做到如下几点，以减少类似纠纷：

1. 制定合法有效的企业规章制度

用人单位应当制定合法有效的规章制度，建立健全加班审批管理制度，严格加班申请流程。确因工作需要进行加班的，应由所在部门将《加班申请表》交人力资源部审核后，报公司总经理批准后才可以进行加班，规定员工非因特殊情况未经批准不得擅自在公司加班。要求员工充分利用规定的工作时间完成工作量，提高工作效率，严格控制加班。并核准员工加班工资，实行加班与绩效考核相挂钩的薪酬制度，尽量避免不必要的加班情况的发生。为了更好地向劳动者公示，用人单位也可以将加班审批制度约定在劳动合同中。

2. 正确计算劳动者加班工资

建议用人单位在劳动合同中具体载明劳动者的工资数额，这样也避免了将来争议不清的状况。在发放工资时必须制定包含加班工资在内的工资对账结算单，由员工亲笔签字后才能领取当月各项工资。这样做的好处是有效保存了相关证据，避免了以后员工随便追索加班工资情况的发生。

3. 利用调休取代休息日加班费

《劳动法》第 44 条第 2 项规定，“休息日安排劳动者工作又不能安排补休的，支付不低于工资的百分之二百的工资报酬”。因此，如果用人单位安排劳动者休息日加班的情况，有权优先选择安排劳动者补休代替支付加班费。

《加班申请表》

姓名		所在部门		担任岗位	
加班类型	工作日加班□　周末加班□　节假日加班□				
加班时间	201　年　月　日　时　分至　日　时　分，共计　天　小时				
本表一式两份，审批结束后申请人一份					
部门主管	签名：　日期：				
人事部	签名：　日期：				
总经理	签名：　日期：				

四、如何做好假期管理？

员工在职期间，有各类假期可以享受，但是需要遵守法律法规和企业的规章制度进行。各类假期种类和待遇如下：

表 6–2 常见假期管理

类 别	常见规定（参考）	备 注
法定节假日	按照国家规定休假	加班支付 3 倍工资
带薪年假	员工累计工作满 1 年可休假。累计工作已满 1 年不满 10 年的，年休假 5 天；已满 10 年不满 20 年的，年休假 10 天；已满 20 年，年休假 15 天	可以通过查询缴纳社保的情况来认定累计工作时间； 企业可以根据生产、工作的情况，并考虑员工的意愿，安排休假，企业在遇到员工请事假时可以先用年假抵消
病假	病假 1 日内，和主管领导沟通后可以补请假条； 病假超过 3 日，需要提交医院诊断证明，诊断证明上应有建议休假时间； 请病假达 5 天（含）的，应出具挂号单据、病历及三级甲等医院诊断证明（包含建议休假时间）； 连续休病假：员工因病休假，当年（按自然年计算）累计休病假不超过 30 天（含）的，可按国家规定发放月基本生活保障费（不低于当地最低工资标准的 80%）	因打架斗殴或者其他违法行为造成的伤病，公司视情节按事假或旷工处理
事假	当年带薪年假可冲抵事假； 如果年假无法抵消的，则单独请事假期间不发放工资	当年事假累计不得超过 20 天，超过部分的事假一律视为旷工，依据公司旷工规定处理。
婚假	按法定结婚年龄（女 20 周岁，男 22 周岁）结婚的，可享受 3 天婚假； 符合晚婚年龄（女 23 周岁，男 25 周岁）的，不再享受晚婚假奖励，只有 3 天法定婚假； 结婚时男女双方不在一地工作的，可视路程远近，另给予路程假； 在探亲假（探父母）期间结婚的，不另给假期	婚假包括公休假和法定假； 再婚的也可享受法定婚假； 各地关于婚假的时间不同可以根据当地情况处理
丧假	员工父母、配偶、配偶父母、子女去世可请丧假 5 天； 兄弟姐妹、祖父母（外祖父母）去世可请丧假 3 天	休息日及节假日均计算在内
产假	在符合计划生育政策的前提下，已婚女员工生育可享受产假； （以北京为例）基本产假 128 天，其中产前可以休假 15 天，难产的可增加产假 15 天，怀孕	注意享受生育保险的福利：在规定的产假期间女员工的工资由生育保险和公司共同承担（按照国家生育保险政策规定：

续表

类别	常见规定（参考）	备注
产假	不满四个月流产的，给予 15 天的产假，怀孕四个月以上（含四个月）流产的，给予 42 天产假，生育多胞胎的，每多生育 1 个婴儿，增加产假 15 天； 新政策：符合《北京市人口与计划生育条例》规定生育的，女职工经所在机关、企业事业单位、社会团体和其他组织同意，产假可以再增加 1 至 3 个月； 有不满周岁婴儿的女员工，每个工作日享有 1 小时的喂奶时间	生育津贴属于员工生育期间国家发放的待遇，生育休假期间公司照常发工资的属于提前向女员工预支生活津贴，员工申请生育津贴后公司代为扣除），没有生育津贴的按实际工资发放
工伤	员工在工作时间因工负伤，员工或部门负责人应在 24 小时内书面报人力资源部	各地对于工伤有明确的报告时间确定，一般超过 48 小时后无效

一些特殊人员比如销售人员可能长期在外，那么可以要求他们填写《工作日志》并按时提交给主管领导，并抄送给考勤负责人。

五、如何做“三期”女员工的人性化管理？

“三期”问题一直是企业的关键，对于孕期女员工的管理，是每个公司都会遇到的问题，《女员工劳动保护特别规定》规定：用人单位不得因女员工怀孕、生育、哺乳降低其工资、予以辞退、与其解除劳动或者聘用合同；单位应当根据医疗证明，减轻女员工的劳动量或调整女员工的工作量或工作岗位。

另外值得注意的一点是，女员工怀孕后，除非严重违纪，否则，用人单位不得辞退。对于严重违纪的，一是在制度中有明确规定，什么样的违纪公司可采取何种处理措施，且在公司内部进行公示，最好是员工有签名确认，二是员工违纪的证据必须充足，只有这样才能进行辞退处理。

其实，公司无论如何处理员工关系，最重要的是要清楚法律法规底线。像这种情况，《女职工劳动保护特别规定》第 6 条有明确规定：女职工在孕期不能适应原劳动的，用人单位应当根据医疗机构的证明，予以减轻劳动量或者安排其他能够适应的劳动。

处理“三期”女员工问题的时候，人力资源部一定要谨慎，否则容易出现不仅事情没有处理好，反而让其他员工也跟着受影响的局面，毕竟其他员工可能也会考虑将来有一天企业会不会这样对待她，而且过于极端无情的做法也容易让其他员工感到心寒。

对于怀孕女员工还在工作的状况，人力资源部可以和用人部门共同协商，对涉及不适合孕妇的部分工作，可以做出相应调整。

人力资源部首先要分析“三期”女员工的成本状况和业务绩效产出情况，HR 将上述安排应写一份报告，或向领导当面汇报，在尽可能不耽误公司的经营管理工作的情况下解决这些问题。HR 可以和老板经常进行沟通和商议，并将情况及时反馈给领导，以便领导及时掌握情况，做出正确合理的处理。要知道，企业人性化管理不仅不会增加管理成本，而且从员工管理角度和公司长期发展来看亦是有利的且符合公司根本利益。

公司对孕期女员工主动进行关怀和照顾，有利于建立稳定、和谐的劳资关系，符合领导和企业的利益；HR 部门还要做好与员工的沟通工作，请她理解公司目前的难处。希望她能够调整好自己的情绪，尽量冷静看待事情，HR 部门会协助她处理好同公司老板之间的关系。双方要换位思考，多些理解和沟通，圆满处理和解决好此事。

越来越多的女性在职场奋斗，做着和男性员工一样的工作，同时还要肩负起为人妻、为人母的人生职责，女性往往需要付出更多的努力来得到工作上的认可。

在女员工处于“三期”的特殊时期，作为企业的所有者和管理者，需要从人性化的角度来考虑和处理特殊时期女员工的管理工作。企业作为经营性质的组织，除盈利赚钱外，尊重法律和道德观念、承担必要的社会责任，也是对企业良心的一种考验。

六、教你搞定工伤处理

1. 正确对待工伤，积极办理工伤保险

（1）工伤事件企业承担无过错责任。

职工在事件中是否有过错不是工伤是否认定的依据，也不是企业是否可

以少赔或不赔的依据。

（2）积极正确办理工伤保险，个体工商户应当办理工伤保险。

企业按不同风险程度有不同的费率工资总额的 0.3%—2.5%，单位全额承担保险费用，不要有侥幸思想，任何岗位都可能发生工伤。

（3）意外保险不是工伤保险。

意外保险是商业险，工伤保险是社会险，赔偿的比例和内容都不同，意外保险的赔偿少于工伤险，同时还存在潜在的争议。

2. 出了工伤或疑似工伤如何处理

（1）立即报险并按规定提供资料，如不接收也一定要保留已经报过保险的证据

（2）妥善处理治疗事宜，工伤与非工伤之间的转换

（3）完善企业管理制度，涉及工伤停职留薪期与病假期的关系，病假期间工资的支付，工资基数的认定

（4）劳动合同的终止及善后事宜

3. 特殊的有争议的情况

（1）现在很多单位会每年组织员工去旅游，但如果职工在单位组织的旅游活动中发生意外伤害，能否被认定为工伤？

单位组织的旅游活动属于单位福利，不涉及工作原因，因此不能认定为工伤。但是仍然有些争议，因为单位自行准备车辆，组织人员共同去参观，与旅游活动交叉在一起，可能就比较复杂了，所以单位应当采取一定的措施预防。

（2）在上班期间上厕所摔倒受伤是否构成工伤？

上厕所是劳动者人身不可分离的必要合理的生理需要，是其人身权的重要内容，应当受到法律保护。单位应当为劳动者提供必要的劳动安全卫生条件。劳动者并非机器，在工作期间保证其正常的生理需要，并非与工作无关，因此应当被认定为工伤。

（3）退休返聘的老人是否享受工伤保险待遇？

离退休人员属于特殊劳动者。离退休人员返聘到用人单位工作，目前国

家没有明确规定其性质，但是有一种情况需要注意，那就是虽然超过法定退休年龄，但没有办理退休手续，无退休后的待遇的人到单位工作期间受伤，尤其是农民工，就非常可能被认定为工伤。

第七章

离职管理

——告别还能做朋友

员工离职，与公司结束劳动关系，都是敏感时期。无论员工是主动还是被动离职，企业和员工都应该依法操作，不可大意。

离职管理，第一要义不要出现不必要的争议和纠纷。离职之前，企业和员工毕竟还有劳动关系的存在，很多问题表现得并不明显。而提出离职的那一刻，很多不可控的因素便暴露了出来，尤其是企业主动解除员工劳动关系的时候。

另外，对于企业而言，人力资源部在处理员工主动离职的时候，也是一个纠错的机会。可以去了解员工离职的原因，一般已经离职的员工不会再有所保留，所提出的很多想法和意见，可以供日后参考。同时，做得更好的离职管理，是能够与离职员工还保持良好的沟通，能够做到不为我所有，但可为我所用。

一、离职管理的工作流程是什么?

图 7–1 离职管理工作流程

上图的流程是以企业主动解除员工劳动关系的流程为主，而员工如果主动提出离职，那么流程是从第二个阶段开始，员工告知企业提出离职，那么人力资源部再从第一步开始。

1. 准备

这一步是解除或者终止劳动合同前要做的相关准备工作，一般侧重于双方权利与义务方面的信息及资料的准备。

2. 告知

企业决定解除或者终止劳动合同后，需要告知员工，同时提出解决方案，最好能在当天解决此问题。

3. 面谈

离职面谈应该分为两个部分，如果是企业主动提出解除或终止劳动合同，人力资源部应和员工面谈，告知企业的决定，同时告知处理意见，以达成双方的同意。

如果是员工主动提出的，人力资源部也应进行离职面谈，了解离职的原因。正如之前所说，离职员工在即将离开的时候往往会放下包袱，对企业敞开心扉，提出一些他的想法和建议，人力资源部根据离职员工提供的信息，一可以统计汇报，二也可以做分析，为以后的人力资源决策提供依据。

4. 离职交接

如果经过离职面谈，主动离职的员工仍然要求离开，那么需要与用人部门沟通，确定离职日期以及需要交接尚未完成的工作，用人部门指定的其他员工做好与离职员工的交接工作，最优做法通常是列出交接清单，同时双方签字确认，在人力资源部保存，以防日后发生不必要的争执。

5. 清算

企业人力资源管理者根据离职员工的情况，分别进行企业的物质清算、财务清算、人事事务清算和离职员工的利益清算，并给员工开具离职证明等，有些地区还涉及一些劳动手册盖章等，这些根据当地的情况而定。某些高级管理人员，可能还会涉及离职审计，此处不展开细讲。

6. 存档

离职手续办理完毕，人力资源部需要将离职员工的所有资料整理归档，至少保存 2 年。

二、何为经济补偿金和赔偿金？

经济补偿金是企业解除员工劳动关系时，给予劳动者的经济补偿。经济补偿金是在劳动合同解除或终止后，用人单位依法一次性支付给劳动者的经济上的补助。我国法律一般称作“经济补偿”。我国《劳动法》、1994 年劳动部发布的《违反和解除劳动合同的经济补偿办法》（以下简称《经济补偿办法》）等规定了用人单位在与劳动者解除劳动合同时，应该按照一定标准一次性支付一定金额的经济补偿金。

1. 应支付情形

《劳动合同法》第 46 条，有下列情形之一的，用人单位应当向劳动者支付经济补偿：

（1）劳动者依照本法第 38 条规定解除劳动合同的；

第三十八条 用人单位有下列情形之一的，劳动者可以解除劳动合同：

（一）未按照劳动合同约定提供劳动保护或者劳动条件的；

（二）未及时足额支付劳动报酬的；

（三）未依法为劳动者缴纳社会保险费的；

（四）用人单位的规章制度违反法律、法规的规定，损害劳动者权益的；

（五）因本法第二十六条第一款规定的情形致使劳动合同无效的；

（六）法律、行政法规规定劳动者可以解除劳动合同的其他情形。

用人单位以暴力、威胁或者非法限制人身自由的手段强迫劳动者劳动的，或者用人单位违章指挥、强令冒险作业危及劳动者人身安全的，劳动者可以立即解除劳动合同，不需事先告知用人单位。

（2）用人单位依照本法第 36 条规定向劳动者提出解除劳动合同，并与劳动者协商一致解除劳动合同的；

第三十六条 用人单位与劳动者协商一致，可以解除劳动合同。

但由用人单位首先提出解除协议的，应当支付经济补偿。相较于《劳动法》的规定，本项经济补偿范围有所缩小。《劳动法》第 24 条、第 28 条规定，用人单位与劳动者协商一致解除劳动合同的，用人单位应当依照国家有关规定给予经济补偿。在《劳动合同法》制定过程中，考虑到有的情况下，劳动者主动跳槽，与用人单位协商解除劳动合同，此时劳动者一般不会失业，或者对失业早有准备，如果要求用人单位支付经济补偿不太合理，因此对协商解除情形下，给予经济补偿的条件作了一定限制。

（3）用人单位依照本法第 40 条规定解除劳动合同的；

第四十条 有下列情形之一的，用人单位提前三十日以书面形式通知劳动者本人或者额外支付劳动者一个月工资后，可以解除劳动合同：

（一）劳动者患病或者非因工负伤，在规定的医疗期满后不能从事原工作，也不能从事由用人单位另行安排的工作的；

（二）劳动者不能胜任工作，经过培训或者调整工作岗位，仍不能胜任工作的；

（三）劳动合同订立时所依据的客观情况发生重大变化，致使劳动合同无法履行，经用人单位与劳动者协商，未能就变更劳动合同内容达成协议的。

（4）用人单位依照本法第 41 条第 1 款规定解除劳动合同的；

第四十一条第一款 有下列情形之一，需要裁减人员二十人以上或者裁减不足二十人但占企业职工总数百分之十以上的，用人单位提前三十日向工会或者全体职工说明情况，听取工会或者职工的意见后，裁减人员方案经向劳动行政部门报告，可以裁减人员：

（一）依照企业破产法规定进行重整的；

（二）生产经营发生严重困难的；

（三）企业转产、重大技术革新或者经营方式调整，经变更劳动合同后，仍需裁减人员的；

（四）其他因劳动合同订立时所依据的客观经济情况发生重大变化，致使劳动合同无法履行的。

（5）除用人单位维持或者提高劳动合同约定条件续订劳动合同，劳动者不同意续订的情形外，依照本法第 44 条第 1 项规定终止固定期限劳动合同的；

劳动合同期满时，用人单位同意续订劳动合同，且维持或者提高劳动合同约定条件，劳动者不同意续订的，劳动合同终止，用人单位不支付经济补偿；如果用人单位同意续订劳动合同，但降低劳动合同约定条件，劳动者不同意续订的，劳动合同终止，用人单位应当支付经济补偿；如果用人单位不同意续订，无论劳动者是否同意续订，劳动合同终止，用人单位应当支付经济补偿。

注意：以完成一定工作任务为期限的劳动合同终止时的经济补偿、工伤职工的劳动合同的经济补偿、劳务派遣中的经济补偿，都是要给付的。请参考《劳动合同法实施条例》。

（6）依照本法第 44 条第 4 项、第 5 项规定终止劳动合同的；

《劳动合同法》第 44 条第 4 项规定，用人单位被依法宣告破产的，劳动合同终止。第 44 条第 5 项规定，用人单位被吊销营业执照、责令关闭、撤销或者用人单位决定提前解散的，劳动合同终止。《企业破产法》第 113 条规定，破产清偿顺序中第一项为破产人所欠职工的工资和医疗、伤残补助、抚恤费用，所欠的应当划入职工个人账户的基本养老保险、基本医疗保险费用，以及法律、行政法规规定应当支付给职工的补偿金。用人单位因为有违法行为而被吊销营业执照、责令关闭、撤销时，劳动者是无辜的，其权益应该受到保护。劳动合同终止时，用人单位应该支付经济补偿。相较于《劳动法》的规定，本项规定是增加的规定。

（7）法律、行政法规规定的其他情形。

有些法律、行政法规中有关于用人单位支付经济补偿的规定。例如，《国营企业实行劳动合同制度暂行规定》规定，国营企业的老职工在劳动合同期满与企业终止劳动关系后可以领取相当于经济补偿的有关生活补助费。尽管《国营企业实行劳动合同制度暂行规定》于 2001 年被废止，但 2001 年之前参加工作的劳动者，在劳动合同终止后，仍可以领取工作之日起至 2001 年的生活补助费。

2. 不应支付情形

按照有关规定，用人单位可以不向劳动者支付经济补偿金的情形包括：

（1）劳动者主动提出解除劳动合同，或者用人单位提高劳动合同工资待遇但劳动者不愿意续签的，用人单位可以不支付经济补偿金。

（2）劳动者在劳动合同期限内，由于主管部门调动或转移工作单位而被解除劳动合同，未造成失业的，用人单位可以不支付经济补偿金。

（3）由于劳动者的过失，根据《劳动合同法》第 39 条所述，用人单位可以单方解除劳动合同，并且可以不支付经济补偿金。

3. 赔偿金

实践中说到离职补偿金时，我们经常会听到 N、2N、N+1、2N+1 等说法，这里的 N，是在本单位的工龄对应的经济补偿金；而“+1”，实际上是代通知金，2N 代表的是赔偿金。

那么，什么情况下什么都不用支付，什么情况下应支付经济补偿金，什么情况下应支付代通知金，什么情况下应支付赔偿金呢？什么情况下才支付代通知金？

（1）当出现《劳动合同法》第 40 条规定的 3 种情形时，用人单位如不提前 30 日通知劳动者解除劳动合同，则应支付代通知金“+1”；

（2）部分地区规定：用人单位终止劳动合同，应提前 30 日通知劳动者，如不提前 30 日通知劳动者的，则每延迟 1 日支付劳动者 1 日工资的赔偿金（这个赔偿金其实也是代通知金性质的）；

（3）除了《劳动合同法》第 40 条规定的 3 种情形外的任何一种解除劳动合同的情形而未提前 30 日通知的，即使是用人单位违法解除，也无须支付代通知金，即 2N 的情况下，一定无须“+1”。

4. 用人单位应当支付赔偿金的两种情形

（1）用人单位违法解除劳动合同的；

（2）用人单位违法终止劳动合同的。

5. 经济补偿金或赔偿金是否可以共存？

不可以。《劳动合同法实施条例》第 25 条规定：用人单位违反《劳动合同法》的规定解除或者终止劳动合同，依照《劳动合同法》第 87 条的规定支付了赔偿金的，不再支付经济补偿。

6. 计算基数是多少？

（1）离职前 12 个月平均工资（包括加班工资），如超过社会平均工资 3 倍的，则按 3 倍计；

（2）按正常工作时间的工资计算，即病假工资，不属于正常工作时间工资；

（3）按应发工资计算，即扣税及“五险一金”前的工资，而不是按实发工资计；

（4）年终奖或年终双薪，应按每年 12 个月平摊。例如，2017 年 8 月 31 日离职，则应计算 2016 年 9 月 1 日至 2017 年 8 月 31 日期间的月平均工资，其中，2017 年 2 月发了 2016 年年终奖 12000 元，那么，应平摊进 2016 年 12 个月里，每个月 1000 元，则该笔年终奖计算进来的只有 2016 年 9—12 月，共 4000 元是作为计算基数的，其他 8000 元不作为计算基数。

7. 补偿金和赔偿金的区别是什么？

补偿金和赔偿金最根本的区别是，补偿金是补偿性质，不以对损害有责任为前提；赔偿金是对损害的弥补，是以有损害责任为前提。

补偿金是指当事人对损失的发生，没有法律上的责任，为公平原则，法律要求一方给付另一方适当数额的补偿、补助。

赔偿金是指当事人对损失的发生具有过错或者依法应当承担责任，根据侵权责任或者合同义务，为弥补另一方的损失而负担的金额。

经济补偿金和赔偿金大的框架是这样，但是根据各个地区的情况不同，可能也会有所调整。所以在理解框架的基础上，也可以咨询当地专做劳动争议案件的律师，这样能够得到更为明确的答复。

三、不辞而别的员工怎么处理?

员工不辞而别不回公司上班，很多企业将员工该行为视为自动解除劳动合同或自动离职，但这样做往往存在法律风险，实践中很多案例显示法院不一定支持所谓的“自动解除劳动合同”或“自动离职”。

1. 劳动合同能否自动解除

《劳动合同法》第 36 条至第 41 条对劳动合同的解除方式有明确规定。合同解除方式有 3 种，即员工单方解除合同、双方协商解除、企业单方面解除，法律中并不存在劳动合同的自动解除。“视为自动解除”恐怕是企业一厢情愿而已。

2. “自动离职”真的是无须操作的“全自动”？

不少企业的规章制度中规定员工不辞而别属“自动离职”。那么，“自动离职”等同于劳动合同解除了吗?

要解决这个问题，首先得了解“自动离职”“按自动离职处理”是什么意思。

原劳动部办公厅在《关于自动离职与旷工除名如何界定的复函》（劳办发〔1994〕48 号）中曾做过一个解释，虽然是比较早期的规定，但至少明确了“自动离职”的含义是什么。

该复函明确：1. “自动离职”是指职工擅自离职的行为；2. 职工未经企业批准而擅自离职的，企业对其按自动离职处理，是指企业应依据《企业职工奖惩条例》有关规定，对其作出除名处理。为此，因自动离职处理发生的争议应按除名争议处理。

从该复函可以看出，“自动离职”并不是无须操作的“全自动”离职。员工“自动离职”后，劳动合同其实并未解除，企业必须依据《企业职工奖惩条例》有关规定，对其作出除名处理。当然，现在奖惩条例已经被废止了，取代的做法应当是企业需依据《劳动合同法》做出解除劳动合同处理。

3. 面对不辞而别（或称自动离职）的员工怎么办?

从以上分析可以看出，“自动离职”仅仅是一种暂时离岗的状态，并非已解除劳动合同。最终怎么走下去，得看劳资双方的意思表示。但员工如果一直没有表示，那企业怎么办?

建议企业分三步操作：

（1）当员工不辞而别后，先向其事先确认的送达地址邮寄送达一份《催告函》，催告其返回公司正常上班，告知其如有特殊情况，需履行请假手续并提交相应的证据，并告知逾期不返的后果。这是基于管理职责所做的一个动作，一个员工没来上班，企业作为管理一方，必须有所动作，不能不管不问。

（2）《催告函》发出超过指定期限员工仍未返回的，再依据公司规章制度的规定（缺勤达到一定天数解除劳动合同）做出解除劳动合同的决定，有建立工会的企业，解除前记得通知工会。

（3）向员工 EMS 送达《解除劳动合同通知书》，在 EMS 详情单上注明所寄文件为《解除劳动合同通知书》。如果遇到查无此人被退回，记得不要拆开 EMS，留作法庭证据。

以上操作，这样既尽到了用人单位的管理职责，也履行了解除劳动合同的相关程序，避免了劳动关系处于不确定状态或违法解雇的法律风险。

4. 员工自动离职造成公司损失要赔偿吗?

这个肯定没问题。原劳动部办公厅在《关于企业处理擅自离职职工问题的复函》（劳办发〔1993〕68 号）中认为，未经企业同意，擅自离职的职工给企业造成损失的情况，可视其给企业造成损失的大小，责令其给予企业一定的经济赔偿。《劳动合同法》第 37 条对员工预告解除明确了需提前通知公司；第 90 条规定了员工违反《劳动合同法》的规定解除劳动合同，给公司造成损失的，应当承担赔偿责任。只是，实践中操作起来比较困难，企业得证明员工的离职行为造成了多大的损失，这并不容易。

有 HR 曾问，能不能直接在劳动合同中约定员工不提前通知自行离职必须赔偿公司一个月工资？想法很好，省了举证的麻烦，但实践中一般不会得到支持，因为这等同于约定了违约金，而《劳动合同法》对违约金的约定是严格限制的。

5. 员工自动离职后，回来要开离职证明，可以拒绝吗？

实际工作中很多用人单位不出具离职证明是因为劳动者擅自离职造成公司损失或未履行工作交接义务。那么，用人单位能否以这个理由进行抗辩？

《劳动合同法》第50条规定，用人单位应当在解除或者终止劳动合同时出具解除或者终止劳动合同的证明，并在十五日内为劳动者办理档案和社会保险关系转移手续。劳动者应当按照双方约定，办理工作交接。用人单位依照本法有关规定应当向劳动者支付经济补偿的，在办结工作交接时支付。

从上述法律规定看，出具离职证明是用人单位的法定义务，合同因何种原因解除、是否交接都不是公司出具离职证明的前提条件，因此，用人单位不能以劳动者未进行工作交接而拒开离职证明。除非公司抗辩称劳动合同并未解除，而且员工亦无合同已解除的证据，则无须出具离职证明。

6. 用人单位是否可以扣发工资？

从风险控制角度，用人单位应当及时通知劳动者前来领取工资，若劳动者未按通知前来领取，用人单位不承担工资拖延的责任。

根据《劳动法》规定，用人单位应当按照合同约定及时足额支付工资，非法克扣工资或者拖延支付的，应承担相应责任。在员工不辞而别的情况下，劳动者已提供劳动部分的对应报酬不应被剥夺。若用人单位有条件支付剩余工资的，应及时足额支付，如员工的银行卡并未销毁。只有存在工资支付障碍的前提下（无工资卡、无法联系本人），用人单位可以暂缓工资支付。

四、怎样进行有效的离职面谈？

离职面谈更像一场高水平的面试，有经验的HR完全可以通过有效的离职面谈了解很多企业管理、人力资源管理甚至各层级经理人员的长处和不足，并通过发挥长处，改进不足来进一步提高企业管理水平，增强企业凝聚力，提高企业对内部和外部人才的吸引力，甚至可以通过离职面谈让决心离职的人留下来。

1. 离职面谈的流程是什么？

主要分为四个工作步骤，分别为面谈准备、面谈铺垫，然后进入面谈的主题，最后结束面谈。

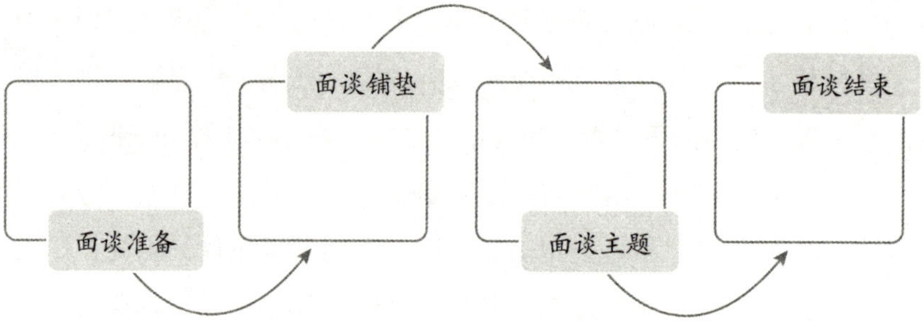

图 7-2 离职面谈流程

如果申请离职员工的上级已经知道员工离职情况，HR 要迅速和离职员工上级沟通了解情况，并及时将情况向自己的上级进行汇报，形成尽力挽留、准予离职和不予离职（这种情况比较少）的共识，同时明确挽留时能够列出的条件。如果离职员工不愿意让其上级知道，只是有离职意向，并和 HR 做初步沟通，建议 HR 处理时暂时保密为好，因为此种情形下 HR 能够挽留的可能性比较大。

无论是何种情况，做离职面谈的 HR 都要清楚知道离职员工在单位的入职时间、职位变化、主要工作表现，俗话说知己知彼才能百战百胜，和一个自己并不了解的员工如何能进行倾心交谈？而且这样也是对离职员工最基本的尊重。

经过离职准备阶段，HR 已经做好了离职面谈的开始工作。选择安静不被打扰的房间是基本的要求，因为谁也不希望把离职的事情搞得满城风雨。以聊家常的方式，开始慢慢回顾离职员工的工作历程，其间的重要表现和取得的成绩，逐渐将面谈主题切入离职原因。如果离职员工因某种原因情绪比较激动，HR 应该先安静地聆听，给予一定的耐心，直到离职员工情绪平静下来。总之，心平气和地交谈才能真正找出彼此需要的东西，还原事情本来的面目。

2. 离职面谈中提问的典型问题

到了这个阶段是整个离职面谈最重要的部分，相关结构化的问题最能挖掘出员工离职的真正原因，并能发现员工管理工作中最容易被忽略的死角。一些典型性问题如下：

- 你认为我们公司做得最好的三个方面是什么？为什么？
- 你认为我们公司做得最不好的三个方面是什么？为什么？
- 你认为哪三个方面自己对公司贡献最大？举出有说服力的具体事例。
- 你认为哪三个方面自己做得还不够好，如何才能做好？
- 如果离职的主要原因有三个，请按重要程度列出是哪三个？
- 你在选择新公司时最看重的三个方面是什么？
- 公司需要做出什么动作能够让你留下继续工作？

当然你还可以根据具体情况增加或减少你需要了解的其他问题。以上 7 个开放式问题几乎涵盖了离职员工的工作回顾、价值取向、离职原因、未来设想，HR 完全可以从中了解离职员工的真实想法，也为下一步做出挽留、改善管理提供了非常有价值的信息。水平较高的 HR，可以在了解离职员工过往职业生涯、个人优缺点、人才市场位置的基础上，以一个职业顾问的身份，消除离职员工的离职动机和不切实际的未来预期，帮助离职员工做出职业生涯的正确选择。

无论面谈结果如何，HR 都要以一颗平常心来对待，任何挫折感和感情用事都会影响自己和公司的形象。洒脱大度地接受各种可能的结果，一起共事是缘分，各奔前程也是缘分。能把优秀的人才留下来最好，不能留下来也要尽量帮助他（她）走向更好的舞台，给予他（她）最真诚的祝福。

另外，面谈结束后要及时整理面谈记录，并向上级进行结果反馈，开始着手改进人力资源管理工作中存在的问题，消除不利员工发展和留住人才的不合理规定，尽力给员工创造出一个乐业、敬业的工作环境，以实际行动减少人员流动率。

五、离职后的员工如何管理?

1. 对待离职的员工，企业应该诚信

为何有些企业，一旦员工与东家“分道扬镳”，就互相诋毁呢？这其实是一种“双亏”的结局，对谁都没有好处。因此，员工当遵守员工之道，不做一些短视的市场行为；而企业呢，对于离职的员工，理当诚信，按照用工协议，不妨严格甚至宽泛执行，不要因为一些鸡毛蒜皮的小事，去克扣工资、奖金、差旅费，等等，对于犯有小错的，甚至可以放其一马，说不定，以后还有合作的机会，没有必要弄得像仇人似的。毕竟，离职员工的口碑在业界或者行业也是很重要的。

2. 不为我有，但可以为我所用

对于离开的员工，要理解强扭的瓜不甜，与其硬性强留，让其郁郁寡欢、不如意地工作，不如慷慨大度，让其另栖高枝，也有助于员工的成长；同时，高调践行，让其难忘，说不定有一天，他还会报效企业，何乐而不为？况且，对于一个现代化的企业，应该本着人才“不为我有，但可以为我所用”之原则，员工到更高的平台去施展，去开阔眼界，如果离职后，紧密联系，说不定也会给自己带来启发、帮助甚至合作机会。

3. 肯定离职员工的成绩

一些员工在离职后，很多企业往往会将其作为反面“教材”来警戒员工，本来是正常辞职的，结果变成了“开除”，抹杀原来的功绩，而将其说成“无能”之辈。其实，企业大不必如此做。员工在跳槽后，企业如果换一种方式，肯定这位员工对于企业的贡献，肯定其人品或者能力，说不定，一旦员工获悉，会没齿难忘的，自然，他们出去也会宣传企业的种种好处。

总之，铁打的营盘，流水的员工。员工离职实属正常，企业只有以博爱之心，宽待、厚待离职员工，员工才能以感恩之心，不忘旧情，才能像关云长一样，

寻找机会报效企业，企业才能享受到赠人玫瑰，手留余香的成功与快乐。

以下为离职管理涉及的两大工具表单。

《员工离职审批表》

填表日期： 年 月 日

<table>
<tr><td>姓 名</td><td></td><td>部 门</td><td></td><td>职 务</td><td></td></tr>
<tr><td>入职日期</td><td></td><td>合同起止时间</td><td></td><td>拟离职日期</td><td></td></tr>
<tr><td colspan="6">离职原因：请您在下列项目中选择符合的情况，画“√”确认（可以选择多项）
□您的工作职责不明确、工作陷入混乱
□您没有受到足够的工作指导及发展培训
□您的工作没有受到赏识，认为在公司内不能获得良好的发展机会
□您的能力不能适应岗位及公司发展的要求
□您对工作环境、设施、条件不满意
□您对薪资待遇不满意
□您与同事、上级间的关系并不融洽
□您有其他原因或需要特别提及的吗（请在下面列明）

基于以上原因，本人提出辞职申请，并愿意办理相应手续。</td></tr>
<tr><td>申请人</td><td colspan="5">签字</td></tr>
<tr><td>部门访谈记录</td><td colspan="5">离职原因：

对公司的意见和建议：

访谈中发现的问题及解决建议：

访谈人： 年 月 日</td></tr>
<tr><td>部门领导意见</td><td colspan="5">□同意申请人离职
□同意以上离职原因
□其他：
□拒绝：

签名： 年 月 日</td></tr>
</table>

续表

人力资源部访谈	离职原因： 对公司的意见和建议： 访谈中发现的问题及解决建议： 访谈人：　　　年　月　日
人力资源部意见	□同意申请人离职 □同意以上离职原因 □其他： □拒绝： 签名：　　　年　月　日
分管领导意见	□同意申请人离职 □同意以上离职原因 □其他： □拒绝： 签名：　　　年　月　日
总裁意见	□同意申请人离职 □同意以上离职原因 □其他： □拒绝： 签名：　　　年　月　日

《离职手续办理交接单》

姓名：　　　　　　　　部门：　　　　　　　　　　办理日期：　　年　　月　　日

部门	交接内容	移交执行情况	遗失物品	扣款金额	受理人签字	部长签字
所在部门	业务交接（后附交接文档，部门负责人签字）					
	归还文件、培训、技术资料及其他					
	是否可进行格机操作					
生产管理部门	科研生产设备					
	工具					
	原材料					
信息部	相关权限					
	邮箱					
	信息安全					
行政部	图书及相关文件归还					
	办公设备					
	办公用品（附清单）					
	门禁卡					
	饭卡					
	钥匙					
	劳保用品					
	培训违约金及金额					
	档案户口					
	人员信息					
	保险公积金					
	工资发放说明					
财务部	空白支票					
	结清借款					
	执行扣款					

续表

员工保密确认： 本人已经与公司签订《员工保密协议》，并承诺严格按照该协议规定的条款执行 签字：　　　　日期：
总裁审核意见： □同意以上办理结果　　　　□不同意以上办理结果，原因： 签字：　　　　日期：

第八章

劳动合同管理

——谁不重视谁吃亏

劳动合同是劳动者与用人单位确立劳动关系，明确双方权利和义务的协议，是劳动者与用人单位依据《劳动法》建立劳动关系的书面法律凭证。劳动合同也是稳定劳动关系、用人单位强化劳动管理、劳动者保障自身权益、双方处理争议的重要依据。

《劳动法》规定，建立劳动关系都要签订劳动合同。签订劳动合同主要有以下三个方面的重要作用：

1. 签订劳动合同可以强化用人单位和劳动者双方的守法意识。以劳动合同的形式明确劳动者和用人单位双方的权利和义务，双方之间就有了一个具有法律约束力的协议。在劳动过程中，用人单位依据劳动合同管理职工，行使权利和履行义务；职工也依据劳动合同保护自身的权益、履行相应的义务。

2. 签订劳动合同可以有效地维护用人单位与劳动者双方的合法权益。劳动合同都要规定一定的期限，在合同期内，用人单位和劳动者都不能随意解除劳动合同。合同期满后，用人单位和劳动者可以就是否续签合同等重新进行协商，这就保持了用人单位用人和劳动者求职的灵活性。

3. 签订劳动合同有利于及时处理劳动争议，维护劳动者的合法权益。如果没有劳动合同，劳动者可能会在工资收入、工作时间长短、工作条件等方面与用人单位发生争议时，由于没有证据而遭受损失。

一、不签订劳动合同的法律风险

《劳动合同法》将事实劳动关系（不签订劳动合同但是实际用工）定性为一种违法用工关系，用人单位需要承担极为重大的法律风险，这种法律风险随着实际用工时间的加长而加重。具体如下：

用工之日起一个月内不签订书面劳动合同，没有法律责任。当然，从用工之日起，双方的劳动关系就已经建立，用人单位应承担社会保险、劳动报酬等各方面的义务。只不过就一个月内未签订劳动合同本身，用人单位没什么责任。所以用人单位可以在用工之日起一个月内补充签订书面劳动合同。如果劳动者经用人单位的书面通知拒绝签订，则用人单位可以终止劳动关系，并不需要承担经济补偿金。

自用工之日起超过一个月不满一年未与劳动者订立书面劳动合同的，应当向劳动者每月支付二倍的工资。如果劳动者拒绝签订劳动合同，则用人单位应当书面通知劳动者终止劳动关系，支付经济补偿金。劳动者拒签时，用人单位不能继续事实劳动关系，否则仍应当承担双倍工资的赔偿责任，这个地方应该特别注意。实例中经常遇到企业喊冤，因为他们也做了要求员工签订劳动合同的动作，但是对方一直没有签订，想当然企业就认为是劳动者本身的责任。但是在司法解释上，仍然判定企业违法。补签劳动合同的，支付双倍工资的起始时间为自用工之日起满一个月的次日，截止时间为补订书面劳动合同的前一日。

自用工之日起超过一年未与劳动者订立书面劳动合同的，视为用人单位与劳动者已经订立无固定期限劳动合同。《劳动合同法实施条例》作出补充，第 7 条规定："用人单位自用工之日起满一年未与劳动者订立书面劳动合同的，自用工之日起满一个月的次日至满一年的前一日应当依照劳动合同法第八十二条的规定向劳动者每月支付两倍的工资，并视为自用工之日起满一年的当日已经与劳动者订立无固定期限劳动合同，应当立即与劳动者补订书面劳动合同。"此时应当补订的是无固定期限劳动合同，如果不补订，根据《劳动合同法》第 82 条第 2 款，用人单位违反本法规定不与劳动者订立无固定期限劳动合同的，自应当订立无固定期限劳动合同之日起向劳动者每月支付二倍的工资。

劳动新法下不签订书面劳动合同对用人单位风险极大，及时签订劳动合同才是明智之举。从风险防范的角度讲，人力资源部应确保单位每进入一名员工都能在入职之时或入职之前签订正式的劳动合同。劳动关系管理的规章制度与流程操作中，都应该尽量做到这一点。

二、签订劳动合同的最佳时间

由上文可知，劳动合同应当在用人单位与劳动者建立劳动关系时签订，或自用工之日起一个月内签订书面劳动合同，否则用人单位向劳动者支付二倍工资。所以，合同应当在一个月内签订。

那么，什么时候是签订合同的最佳时间呢？劳动关系自用工之日起建立，用工前，单位有足够的时间和筹码与员工协商签订劳动合同，协商不成的，取消用工即可，劳动关系尚未建立，单位不须承担任何责任。

如果用工开始后才签订合同，此时劳动关系已经建立，万一双方对合同条款存在争执，不能达成一致，或员工故意拖延不签，那单位就会比较被动。单位为了不至于拖延超过一个月，可能不得不接受较为不利的合同约定，当然单位也可以通知终止合同，但是用工一段时间后重新招人的麻烦也不得不慎重考虑；如果耽搁了一个月还没有签订或单位不能证明是员工拒不签订，那么双倍工资的惩罚基本就坐实了。

此外，因工作差错忘记签订劳动合同，这种情况在实例中非常常见。这将使单位管理的成本大大增加。相反，如果办理入职手续的第一件事就是签订合同，合同签订后，才开始涉及别的手续；合同未签，一切暂停，那么，忘记签订合同的可能性就会显著减少。

三、签订劳动合同时应该注意哪些问题？

订立劳动合同是实施劳动合同制度的第一道程序，因而也是劳动合同管理中首要的和关键的环节。从实践看，许多争议都是在劳动合同订立时被隐藏下来的。通常有很多隐患都是一开始的时候没有讲清楚，最后造成了争议。所以秉承着“先小人，后君子”的原则，在订立劳动合同的时候就要把住了关口，才能有效地避免无效劳动合同的出现，防止劳动合同争议的发生，从而稳定劳动关系。

对于劳动合同的订立，《劳动法》和有关的政策法规都作出了明确规定，用人单位了解和掌握这方面的问题尤为重要。这些问题概括起来主要有：

（1）用人单位与劳动者订立劳动合同，应切实遵循平等自愿、协商一致的原则。所谓协商一致，首先是协商，没有协商就不可能有一致。企业向劳动者提出拟定的劳动合同草案后，必须给予劳动者一定的考虑时间，劳动者有权对劳动合同草案的条款进行修改，并提出自己的意见。企业不得把劳动合同订立成"不平等条约"，即不与劳动者协商，不给劳动者协商时间。

（2）企业与劳动者订立劳动合同时，一定要查验终止或解除劳动合同的证明及其他能够证明劳动者与任何用人单位不存在劳动关系的凭证，查验确认后方可与其签订劳动合同。防止因使用尚未解除劳动合同的劳动者而承担连带赔偿责任。这个地方在实例中也经常出现，看重一个很优秀的人才，对方说原有企业不放人，虽然终止了劳动关系，不给开离职证明，本着用人心切的原则，也就让其入职，最后造成隐患。

（3）订立劳动合同时，劳动者一方不得由他人代理。劳动合同必须由建立劳动关系的劳动者本人签订，企业让其他人代替劳动者签订劳动合同都是违法的，所签订的劳动合同也是无效的。

（4）订立劳动合同时，劳动合同书未经劳动者签字不发生法律效力。不少企业的劳动合同书都是企业一方代表签字，却不发给劳动者一份合同书，这种合同也是无效的劳动合同。

（5）订立劳动合同时，用人单位不得以任何形式向劳动者收取定金、保证金（物）或抵押金（物）。

（6）订立无固定期限的劳动合同时，不得将法定解除条件约定为终止条件，以规避解除劳动合同时用人单位也应承担支付给劳动者经济补偿的义务。

（7）企业在向劳动者提供劳动合同草案的同时，必须向劳动者提供或详细介绍本单位的劳动规章。劳动规章是劳动合同的附件，有许多内容在合同中不作详细约定，而属于劳动规章的内容。但劳动规章不需要同劳动者协商一致，只是让劳动者了解清楚这些内容，因为劳动合同履行、解除的许多内容是以劳动规章作依据的。发生争议后的处理也往往以劳动规章作依据。所以，必须在订立合同时就让劳动者清楚劳动规章的内容。

（8）劳动合同约定违约金和赔偿金必须合法。订立劳动合同时，企业和劳动者可以在劳动合同中约定违反劳动合同的责任或违约金，但必须经双方当事人平等协商，不能由任何一方单独决定。订立合同时，企业用于劳动者职业技能培训费用的支付和劳动者违约时培训费的补偿可以在劳动合同中约定，但约定劳动者负担的培训费和赔偿金的标准不得违反劳动部《违反〈劳动法〉有关劳动合同规定的赔偿办法》等的有关规定。

（9）外商投资企业与职工签订劳动合同，须用中文书写，亦可同时用外文书写，但中外文本必须一致，中文合同文本为正本。合同鉴证机关只鉴证中文合同。

四、劳动合同期限和试用期限如何约定？

劳动合同期限分为固定期限、无固定期限和以完成一定工作任务为期限三种。固定期限劳动合同，是指用人单位与劳动者约定合同终止时间的劳动合同。无固定期限劳动合同，是指用人单位与劳动者约定无确定终止时间的劳动合同。以完成一定工作任务为期限的劳动合同，是指用人单位与劳动者约定以某项工作的完成为合同期限的劳动合同。

合理地确定劳动合同期限，对当事人双方来说，都是至关重要的。由于劳动合同期限需要双方当事人协商确定，因此，应当遵循一定的原则，用统一的目标来约束当事人的意志。确定劳动合同期限除坚持劳动合同订立的原则外，还要掌握这样两条原则：第一，有利于企业发展的原则。订立劳动合同的目的是建立劳动关系，实现社会生产劳动，使劳动者获得物质上的一定利益。而劳动者的劳动和获得的物质利益，都必须依赖企业发展，取得好的经济效益。因此，订立劳动合同的期限首先必须从企业发展实际出发，根据企业工作的需要来确定。第二，兼顾当事人双方利益的原则。在坚持有利于企业发展的原则下，要兼顾当事人双方的利益。因为订立劳动合同是企业和劳动者双方的事情，关系到双方的利益。

确定劳动合同期限时，不能只强调企业的生产需要，也应当兼顾劳动者个人利益，尊重劳动者个人意愿。总之，当事人双方都应当处理好眼前利益和长远利益的关系，合理确定劳动合同的期限。科学合理地确定劳动合同的期限，对于用人单位和劳动者的发展都有很大帮助。用人单位可以根据经营的长期规划和目标任务，对劳动力的使用进行科学预测、合理规划，使劳动合同期限能够长短并用，形成灵活多样的格局。劳动者可以根据自身的年龄、身体状况、专业技术水平、自身发展计划等因素，合理地选择适合自己的劳动合同期限。用人单位和劳动者约定试用期的目的，是考察了解劳动者的基本技能和知识、能否适用岗位的要求，在确定试用期的期限时，可以根据实际岗位的需要考虑，但不能违背法律规定的不同劳动合同期限确定试用期的限制。

第一，按照劳动合同期限的长短决定试用期的长短。《劳动合同法》第 19 条第 1 款规定："劳动合同期限三个月以上不满一年的，试用期不得超过一个月；劳动合同期限一年以上不满三年的，试用期不得超过二个月；三年以上固定期限和无固定期限的劳动合同，试用期不得超过六个月。"

《劳动合同法》第 19 条第 4 款规定："试用期包含在劳动合同期限内。劳动合同仅约定试用期的，试用期不成立，该期限为劳动合同期限。"劳动关系自用工之日起建立，试用期是在建立劳动关系之后实施的，当然应当是劳动合同期限的一部分。如果劳动合同仅约定试用期，则试用期不成立，该期限为劳动合同期限。在此期限内，用人单位或者劳动者，均不能按照试用期的规定解除劳动合同，而应当按照在劳动合同期限内的规定解除劳动合同。

第二，试用期的约定次数。《劳动合同法》第 19 条第 2 款规定："同一用人单位与同一劳动者只能约定一次试用期。"这包括：

（1）在试用期内，解除劳动合同，不管是由用人单位解除或是劳动者解除，用人单位再次招用该劳动者时，不得约定试用期。

（2）超过试用期，在劳动合同期限内，劳动者岗位发生变化或者劳动合同解除后又招用该劳动者的，用人单位不得约定试用期。

（3）已经超过试用期，劳动合同续订或者劳动者终止合同后又被招用，对该劳动者，用人单位不得约定试用期。《劳动合同法》第 19 条第 3 款还规定：

“以完成一定工作任务为期限的劳动合同或者劳动合同期限不满三个月的，不得约定试用期。”

第三，劳动者在试用期的工资。《劳动合同法》第 20 条规定：“劳动者在试用期的工资不得低于本单位相同岗位最低档工资或者劳动合同约定工资的百分之八十，并不得低于用人单位所在地的最低工资标准。”劳动者在试用期的工资，劳动合同双方当事人可以约定。约定的试用期工资，既可以高于试用期满后的工资，也可以低于试用期满后的工资或者与试用期满后的工资持平，但不得低于法定的最低工资标准。

五、劳动合同期满后仍继续留用劳动者，但未续订书面劳动合同的，是否需支付两倍工资？

关于这个问题，目前有一定的争议，但是法院与仲裁委的主流观点是肯定的。对劳动合同到期后用人单位不及时办理续签手续的，《劳动合同法》规定了劳动者的两类权利：一是向用人单位要求支付二倍的赔偿金；二是满一年未订立书面劳动合同的，视为用人单位与劳动者已订立无固定期限劳动合同。

劳动部 1996 年发布的《关于实行劳动合同制度若干问题的通知》对劳动合同期满后，由于用人单位的原因未及时续订劳动合同手续而形成事实劳动关系的，视为续订劳动合同，劳动合同期限由双方协商。

最高人民法院《关于审理劳动争议案件若干问题的解释》第 16 条规定：“劳动合同期满后，劳动者仍在原用人单位工作，原用人单位未表示异议的，视为双方同意以原条件继续履行劳动合同。一方提出终止劳动关系的，人民法院应当支持。根据《劳动法》第二十条规定，用人单位应当与劳动者签订无固定期限劳动合同而未签订的，人民法院可以视为双方之间存在无固定期限的劳动合同关系，并以原劳动合同确定双方的权利义务关系。”

《劳动合同法》规定了续订劳动合同时劳动者享有劳动合同期限的优先选择权。第 14 条第 2 款第 3 项规定了连续订立二次固定期限劳动合同，且劳动者没有本法第 39 条和第 40 条第 1 项、第 2 项规定的情形，除劳动者提出订立固定期限劳动合同外，用人单位应当订立无固定期限劳动合同。

这类问题在实例中遇到的多半是因为管理不善而导致忘了劳动合同到期的时间，毕竟已经签过一次劳动合同，倒不至于出现明知道合同已经到期，仍然不签订的情况，所以人力资源部应该建立合同到期提醒的设置，在到期前一个月就应该有所动作，是继续签订，还是终止劳动合同，以免给自己的工作造成被动。

还有一种情况是实例中比较常见的，针对“三期”的女员工或者患病员工，合同到期的时候，恰好处于“三期”或者患病期，这种情况下，劳动合同的终止时间自动延续到此期间结束，如哺乳期结束或者患病期结束，这也很容易造成遗忘。也可能当时是记着的，等这个时间节点过去了，又没有提醒，导致遗忘，所以这一个地方是蛮重要的。尤其是这类事件，一旦出现，在仲裁机构和法院，败诉的可能性是非常大的。

六、不签订劳动合同是否等于无须缴纳社会保险?

《劳动法》第 72 条规定，用人单位和劳动者必须依法参加社会保险，缴纳社会保险费。即缴纳社会保险费是用人单位和劳动者的法定义务，只要双方存在劳动关系，无论是否签订劳动合同，都应当缴纳社会保险费。再补充一句，试用期也要缴纳保险，实例中遇到很多人都不明白这一点，或者是心存侥幸，或者是压根儿就不认为应该缴纳，提醒企业负责人及人力资源部门在做规划时，要及时将劳动者的社会保险费用进行足额缴纳，不要给自己的工作带来不必要的风险。

七、劳动关系和劳务关系有什么区别?

劳动关系是劳动生产者与生产资料相结合的社会方式的反映。它作为一种生产关系，在不同的历史时期和不同的社会制度中，反映不同的经济形态。劳动关系对国家经济、政治以及其他社会关系具有重大影响。劳动关系的稳定和健康发展在一定程度上决定着国家关系的稳定和发展。劳动关系协调机制和协调手段的完善是促进劳动关系和谐健康发展的基础。

劳动关系的主要特征有四个方面：一是劳动关系的主体是确定的，即一方是用人单位或雇主，另一方是符合法定就业年龄的劳动者；二是劳动合同双方当事人的法律地位是平等的，即劳动者与用人单位双方依法订立、变更劳动合同，双方法律地位平等；三是劳动关系当事人在职责上具有从属性，即劳动关系建立后，劳动者除应严格履行劳动合同约定的义务，还应遵守用人单位的规章制度，服从用人单位的劳动管理；四是劳动关系建立的目的，在于劳动过程的实现和劳动成果的给付，即劳动者按照用人单位的要求提供劳动，并获得报酬。

劳务关系是平等主体之间就劳务的提供与报酬的给付所达成的协议，遵循意思自治、合同自由和等价有偿的原则，雇主与雇员之间形成的是一种债权债务关系，故劳务关系不受《劳动法》约束，应适用《民法总则》《合同法》的规定。

劳动关系与劳务关系的区别如下：

（1）主体不同。劳动关系一方是符合劳动年龄并具有与履行劳动合同义务相适应能力的自然人，另一方是符合《劳动法》所规定条件的用人单位；而劳务关系不限于自然人与用人单位之间，还可以是单位之间、自然人之间，并且可能是两个主体以上。

（2）关系不同。劳动关系中用人单位与劳动者之间形成的是管理与被管理、指挥与被指挥、监督与被监督的隶属关系；而劳务关系是平等主体依据双方的约定所形成的一种财产关系，不存在人身上的隶属性。

（3）关系的稳定性不同。劳动关系中双方当事人的关系比较稳定，反映的是种持续的生产资料、劳动者、劳动对象之间的结合关系；而劳务关系中多为临时性的工作，一般以完成特定工作为目的。

（4）待遇不同。劳动关系中劳动者除定期得到劳动报酬（工资）外还享有《劳动法》、行政法规所规定的各项待遇，如社会保险待遇、带薪休假待遇等；而劳务关系中一般只涉及劳动报酬问题，劳动报酬都是一次性或分期性支付，而无社会保险等其他待遇。

八、收购兼并其他组织时，如何与被接收的员工签订、变更合同？

用人单位收购其他组织即企业的合并，其法律后果为，根据《民法总则》第67条的规定："法人合并的，其权利和义务由合并后的法人享有和承担。法人分立的，其权利和义务由分立后的法人享有连带债权，承担连带债务，但是债权人和债务人另有约定的除外。"《公司法》第174条规定："公司合并时，合并各方的债权、债务，应当由合并后存续的公司或者新设的公司承继。"

所以，企业法人合并后，它的权利、义务由变更后存续的法人承继履行，所承继的权利和义务的内容，不仅包括财产性的债权、债务，也包括劳动合同关系中的权利和义务的承继履行。劳动关系的承继就是通过劳动合同主体的变更，由新用人单位接替原用人单位继续履行原劳动合同的权利义务，使原劳动关系的权利和义务内容得以保留。《劳动合同法》第34条规定："用人单位发生合并或者分立等情况，原劳动合同继续有效，劳动合同由承继其权利和义务的用人单位继续履行。"

九、如何变更劳动合同？

劳动合同签订之后在合同的有效期里它都可以保障用人单位与劳动者之间的权益，但要是工作时间、工作地点、工资等变动了，劳动合同也需要进行变更，不能再用原有合同。那么，变更劳动合同需要什么条件？

- 订立劳动合同所依据的法律、行政法规、规章制度发生变化，应变更相关的内容。
- 订立劳动合同所依据的客观情况发生重大变化，致使劳动合同无法履行，应变更相关的内容。

- 提出劳动合同变更的一方应提前书面通知对方，并要平等协商一致方能变更合同。

所谓“劳动合同订立时所依据的客观情况发生重大变化”，主要是指：

（1）订立劳动合同所依据的法律、法规已经修改或者废止。劳动合同的签订和履行必须以不得违反法律、法规的规定为前提。如果合同签订时所依据的法律、法规发生修改或者废止，合同如果不变更，就可能出现与法律、法规不相符甚至是违反法律、法规的情况，导致合同因违法而无效。因此，根据法律、法规的变化而变更劳动合同的相关内容是必要而且是必需的。

（2）用人单位方面的原因。用人单位经上级主管部门批准或者根据市场变化决定转型或者改变运营项目等。用人单位的经营不是一成不变的，而是根据上级主管部门批准或者根据市场变化可能会经常调整自己的经营策略和产品结构，这就不可避免地发生转产、调整经营任务或者经营项目情况。在这种情况下，有些工种、产品生产岗位就可能因此而撤销，或者为其他新的工种、岗位所替代，原劳动合同就可能因签订条件的改变而发生变更。

（3）劳动者方面的原因。例如，劳动者的身体健康状况发生变化、劳动能力部分丧失、所在岗位与其职业技能不相适应、职业技能提高了一定等级等，造成原劳动合同不能履行或者如果继续履行原合同规定的义务对劳动者明显不公平。

（4）客观方面的原因。这种客观原因的出现使得当事人原来在劳动合同中约定的权利义务的履行成为不必要或者不可能。这时应当允许当事人对劳动合同有关内容进行变更。主要有：

A、由于不可抗力的发生，使得原来合同的履行成为不可能或者失去意义。不可抗力是指当事人所不能预见、不能避免并不能克服的客观情况，如自然灾害、意外事故、战争等。

B、由于物价大幅度上升等客观经济情况变化致使劳动合同的履行会花费太大代价而失去经济上的价值。这是民法的情势变更原则在劳动合同履行中的运用。

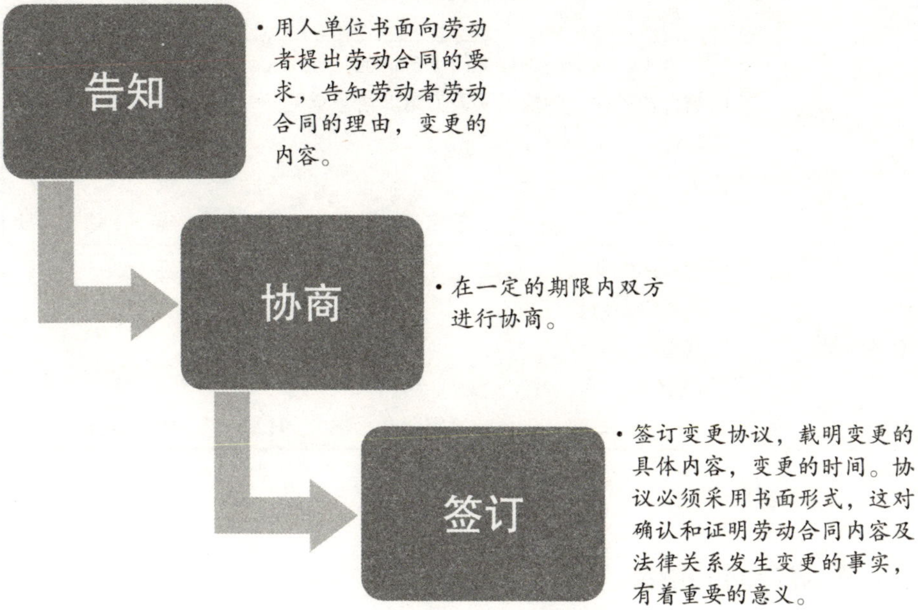

图 8–1　劳动合同变更程序

《岗位变动审批表》

部门调整	**姓名**		**变动日期**	
	调出部门		**调入部门**	
	原岗位		**现岗位**	
变动原因				
员工意见	□同意；　□不同意 签字：　日期：　年　月　日			
原部门意见	□变动原因： □同意岗位变动 □岗位变动后对原业务有交接，对业务及部门不会造成影响 □同意以上信息 □其他： □拒绝： 签字：　日期：　年　月　日			
现部门意见	□员工能力达到新岗位要求 □确认新岗位适岗期　□ 1 个月　□ 2 个月　□ 无 （注：跨部门转岗必须有适岗期） □其他： □拒绝： 签字：　日期：　年　月　日			

续表

人力资源部意见	□与员工、原部门、现部门了解情况 □结合招聘面试的情况从人力角度给予意见 □其他： 意见： 签字：　　　　　日期：　　年　　月　　日
总裁审批	□同意岗位变动 □同意以上信息 □其他： □拒绝： 签字：　　　　　日期：　　年　　月　　日

十、劳动合同的解除

劳动合同的解除，是指当事人双方提前终止劳动合同的法律效力，解除双方的权利义务关系。

1. 双方协商解除劳动合同

双方协商解除劳动合同是指用人单位与劳动者协商一致，可以解除劳动合同。协商解除劳动合同没有规定实体、程序上的限定条件，只要双方达成一致，内容、形式、程序不违反法律禁止性、强制性规定即可。

若是用人单位提出解除劳动合同的，用人单位应向劳动者支付解除劳动合同的经济补偿金。

2. 劳动者单方解除劳动合同

劳动者单方解除劳动合同是具备法律规定的条件时，劳动者享有单方解除权，无须双方协商达成一致意见，也无须征得用人单位的同意。具体又可以分为预告解除和即时解除。

（1）预告解除

预告解除是指劳动者履行预告程序后单方解除劳动合同。具体分为两种情形，见图 8–2：

劳动者提前30日以书面形式通知用人单位，可以解除劳动合同

劳动者在试用期内提前3日通知用人单位，可以解除劳动合同

图 8–2 预告解除的两种情形

（2）即时解除

即时解除是《劳动合同法》第 38 条规定的情形。对于第 1 款规定的几种情形劳动者可以单方解除合同。当然如果用人单位以暴力、威胁或者非法限制人身自由的手段强迫劳动者劳动的，或者用人单位违章指挥、强令冒险作业甚至危及劳动者人身安全的，劳动者可以立刻解除劳动合同，不需事先告知用人单位。这种属于即时解除中可以立即解除且不用事先告知用人单位的情形。

注意：对于劳动者可即时解除劳动合同的上述情形，劳动者无须支付违约金，用人单位应当支付经济补偿。

3. 用人单位单方解除劳动合同

用人单位单方解除劳动合同是指具备法律规定的条件时，用人单位享有单方解除权，无须双方协商达成一致意见。主要包括过错性辞退、非过错性辞退、经济性裁员三种情形。

（1）过错性辞退

过错性辞退是指在劳动者有过错性情形时，用人单位有权单方解除劳动合同。过错性解除劳动合同在程序上没有严格限制。用人单位无须支付劳动者解除劳动合同的经济补偿金。当然如果规定了符合法律规定的违约金条款的，劳动者须支付违约金。

过错性辞退在实例中的适用情形主要有如下几条：

- 在试用期间被证明不符合录用条件的；
- 严重违反用人单位的规章制度的；
- 严重失职，营私舞弊，给用人单位造成重大损害的；
- 劳动者同时与其他用人单位建立劳动关系，对完成工作任务造成严重影

响，或者经用人单位提出，拒不改正的；

- 因劳动者以欺诈、胁迫的手段或者乘人之危，使对方在违背真实意思的情况下订立或者变更劳动合同致使劳动合同无效的；
- 被依法追究刑事责任的。

使用这种过错性辞退是要提供相关证据的，并不是企业想当然地认为符合条件就可以，如要证明在试用期间不符合录用条件，那必须有录用条件，且劳动者是清楚这个录用条件的；要证实劳动者违反用人单位规章制度，那么就要有公示的规章制度，且劳动者也经过了企业新员工入职培训，了解了企业相关规章制度并签字确认，而且劳动者违反规章制度也有据可查，所以可以看得出来想要做到过错性辞退并不容易，日常的经营管理中，任何工作都是需要留痕的，以便在出现问题的时候，有据可查。

（2）非过错性辞退

非过错性辞退是指劳动者本人无过错，由于用人单位主客观原因致使劳动合同无法履行，在符合法律规定的情形下，履行法律规定的程序后，用人单位有权单方解除劳动合同。与过错性辞退不同，非过错性解除劳动合同在程序上具有严格的限制。用人单位应提前 30 日以书面形式通知劳动者本人或者额外支付劳动者 1 个月工资后，才可以解除劳动合同；用人单位选择额外支付劳动者 1 个月工资解除劳动合同，其额外支付的工资应当按照该劳动者上 1 个月的工资标准确定，且用人单位应当支付劳动者经济补偿。

非过错性辞退在实例中的适用类型主要有如下几条：

- 劳动者患病或非因工负伤，在规定的医疗期满后仍不能从事原工作，也不能从事用人单位另行安排的工作的；
- 劳动者不能胜任工作，经过培训或者调整工作岗位，仍不能胜任工作的；
- 劳动合同订立时所依据的客观情况发生重大变化，导致劳动合同无法履行，经用人单位与劳动者协商，仍未能就变更劳动合同内容达成协议的。

（3）经济性裁员

经济性裁员是指用人单位为降低劳动成本，改善经营管理，因经济或技术等原因一次裁减 20 人以上或者不足 20 人以上但是占企业职工总数 10%以上的劳动者。经济性裁员具有严格的条件和程序限制，用人单位裁员时必须遵守规定，同时用人单位应当支付劳动者经济补偿金。

经济性裁员在实例中的适用情形有如下几条：

- 依照企业破产法规定进行重整的，生产经营发生严重困难的；
- 企业转产、重大技术革新或者经营方式调整，经变更劳动合同后，仍需裁减人员的；
- 其他因劳动合同订立时所依据的客观经济情况发生重大变化，致使劳动合同无法履行的。

裁员时并不是随意裁掉员工，而是根据员工的情况有所保留，如应优先留用的与本单位订立较长期限的固定期限劳动合同的人员，应优先留用与本单位订立无固定期限劳动合同的人员，家庭无其他就业的人员，有需要扶养的老人或者未成年人的人员也应纳入优先留用的范畴。

经济性裁员发生后，企业仍旧在发展，如果涉及裁员后重新招录的情况，那么在6个月内重新招用人员的，应当通知被裁减的人员，并在同等条件下优先招用被裁减的人员。

经济性裁员也有例外，如用人单位有以下情形之一的，不得依据第40条非过错性辞退和第41条经济性裁员的规定单方解除劳动合同：

- 从事接触职业病危害作业的劳动者未进行离岗前职业健康检查，或者疑似职业病病人在诊断或者医学观察期间的；
- 在本单位患职业病或者因工负伤并被确认丧失或者部分丧失劳动能力的；
- 患病或者非因工负伤，在规定的医疗期内的；
- 女职工在孕期、产期、哺乳期的；
- 在本单位连续工作满15年，且距法定退休年龄不足5年的；
- 法律、行政法规规定的其他情形。

十一、劳动合同的终止

劳动合同的终止，是指劳动合同关系自然失效，双方不再履行。《劳动法》第23条规定，劳动合同期满或者当事人约定的劳动合同终止条件出现，劳动合同即行终止。劳动合同的解除和终止不是一个概念，请一定不要混淆。

有下列情形之一的，劳动合同终止：

- 劳动合同期满的；
- 劳动者开始依法享受基本养老保险待遇的；
- 劳动者死亡，或者被人民法院宣告死亡或者宣告失踪的；
- 达到法定退休年龄的；
- 用人单位被依法宣告破产的；
- 用人单位被吊销营业执照、责令关闭、撤销或者用人单位决定提前解散的；
- 法律、行政法规规定的其他情形。

《劳动合同法》在劳动合同终止的情况下对某些劳动者采取了特殊保护制度。

劳动者有《劳动合同法》第 42 条规定的下列情形之一的，劳动合同到期也不得终止，应当续延至该情形消失时终止。这些情形包括：

- 从事接触职业病危害作业的劳动者未进行离岗前职业健康检查，或者疑似职业病病人在诊断或者医学观察期间的；
- 患病或者非因工负伤，在规定的医疗期内的；
- 女职工在孕期、产期、哺乳期的；
- 在本单位连续工作满 15 年，且距法定退休年龄不足 5 年的；
- 法律、行政法规规定的其他情形。

另外，在本单位患职业病或者因工负伤并被确认丧失或者部分丧失劳动能力的劳动者的劳动合同的终止，按照国家有关工伤保险的规定执行。

终止劳动合同的规定：

1. 除用人单位维持或者提高劳动合同约定条件续订劳动合同，劳动者不同意续订的情形外，依照《劳动合同法》第 44 条第 1 项（劳动合同期满）规定终止固定期限劳动合同的。

（1）即在劳动合同期满时，用人单位以低于原劳动合同约定的条件要求与劳动者续订劳动合同，而劳动者不同意续订的，用人单位应当支付经济补偿金；

（2）如果在劳动合同期满时，用人单位维持或者提高劳动合同约定条件续订劳动合同，劳动者不同意续订时，则不用支付经济补偿金。

2. 用人单位被依法宣告破产的，终止合同的，用人单位应当支付经济补偿金。

3. 用人单位被吊销营业执照、责令关闭、撤销或者用人单位决定提前解散，终止合同的，用人单位应当支付经济补偿金。

4. 以完成一定工作任务为期限的劳动合同因任务完成而终止的，用人单位应当依法向劳动者支付经济补偿金。

5. 法律、行政法规规定的其他情形。

第九章

福利管理

——员工最关注的部分

福利大概是员工可能最关心的部分了吧。在茶余饭后、朋友聚会包括过年这样的情境下，大概都是被提及的最多部分。大多数人都是希望能够进入一个福利比较好的组织工作。那么本章就来谈谈福利管理。

福利是员工的间接报酬。一般包括健康保险、带薪假期、过节礼物或退休金等形式。这些奖励作为企业成员福利的一部分，奖给职工个人或者员工小组。福利必须被视为全部报酬的一部分，而总报酬是人力资源战略决策的重要方面之一。从管理层的角度看，福利可对以下若干战略目标作出贡献：协助吸引员工；协助保持员工；提高企业在员工和其他企业心目中的形象；提高员工对职务的满意度。与员工的收入不同，福利一般不需纳税。由于这一原因，相对于等量的现金支付，从这种意义上来说，福利对员工就具有更大的价值。

一、福利体系界定

上文提到很多人是希望能够进入福利比较好的组织工作。而在相互比较的过程中，很多人也默默在想，为什么别人家的公司福利这么好，而我在的这个公司福利却不好。这说明，福利是吸引员工非常重要的一个因素，而且福利也成为生活中必不可少的要素。那么为什么“福利”成了人们生活中必不可少的要素呢？

早在工业革命时期，到泰勒的科学管理时代，那个时候的人们最大的需求就是吃饱，对于他们来说，得到面包，保证自己和家人的生活就足够了，别无他求。所以工厂主给他们多少，他们就拿多少。那个时候的人是随时可被替代的，真的是“三条腿的蛤蟆不好找，两条腿的人遍地都是”，所以即使有别的需求想法，也不敢说。所以在那个时期，谈“福利”简直是天方夜谭。

随着社会发展，工人们也通过自己的努力赚到了钱，那么在温饱之余，需求有了进一步的提升。不只是金钱，他们可能想要的更多。比如和谐的同事关系，休假，社会地位，等等。但是这些需求并不是在企业内部得到满足，而是在企业组织之外。大量的非政府组织开始组织员工关怀活动，而且也对产业工人的社会地位等要素进行了研究。这些研究成果被工厂主发现，他们开始意识到产业工人的社会性需求，可能会影响到工作效率。所以，那个时候才在企业内部成立类似人力资源部的部门，主要负责员工的福利性需求。在此后，福利运动和科学管理运动并行成为当时那个阶段比较重要的模式，说明了福利管理对于组织管理的重大意义。

那么到底应该有哪些福利呢？有很多员工一提起名目繁多的福利就晕了，有很多企业莫名其妙地被人指责说克扣工资啊之类的。来看一个案例。比如在北京，如果月薪税前 1 万元，拿到手的工资实质上只有 7479 元，而企业却为员工承担了 14430 元的总成本。为什么会差距这么大呢，这里面就是有福利因素在作用。企业为了员工的福利要多缴费，而员工的收入也因为缴纳了一定的福利费用而变少。所以最终收入不仅仅有拿到手的工资，还包括企业为了你付出的各项福利项目的费用。所以很多情况下，恰恰是因为企业为你付出了大量的福利成本才导致你工资收入减少。

根据福利是否是国家立法强制实施的法定福利，可以分为国家强制实施的法定福利和企业自主实施的非法定福利，如图 9–1。

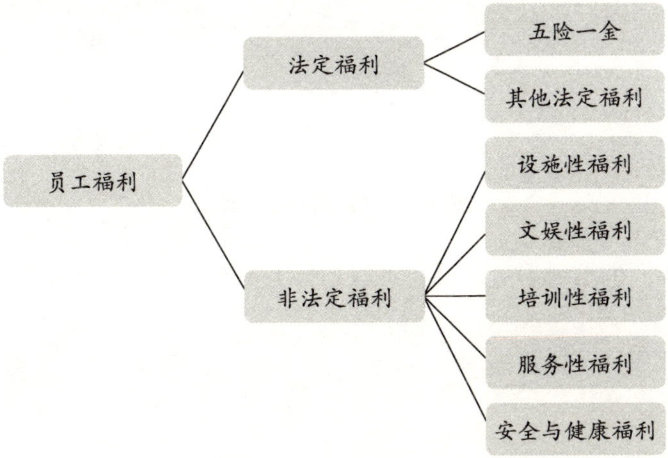

图 9–1　员工福利分类一

而从员工福利的价值和目标来看，可把福利分为风险保障型福利和物质激励型福利，如图 9–2。

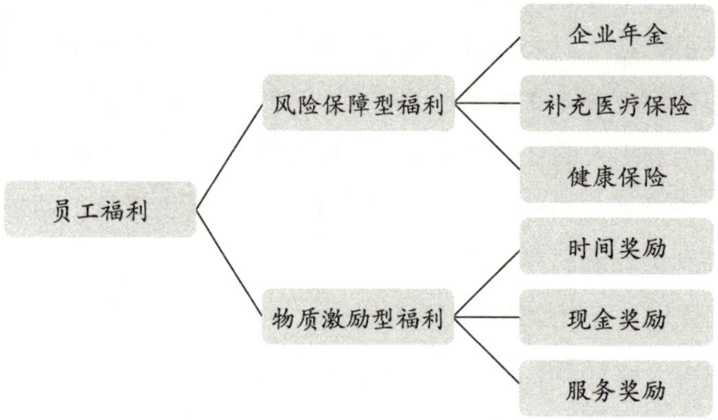

图 9–2 员工福利分类二

还可以从微观角度来看。例如，以福利享受的时间来界定，分为即期性福利和延期性福利，如图 9–3。

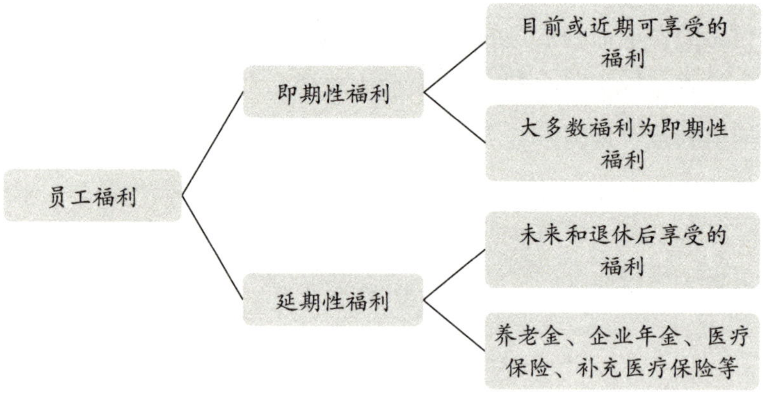

图 9–3 员工福利分类三

按照福利的给付形式划分还可以划分为现金型福利和非现金型福利，如图 9–4。

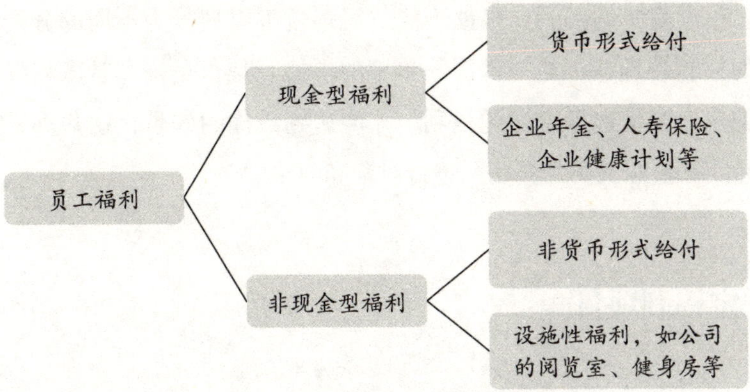

图 9-4 员工福利分类四

如果福利以实施范围为依据进行划分，又可以划分为全员型福利、特种型福利和特困补助，如图 9-5。

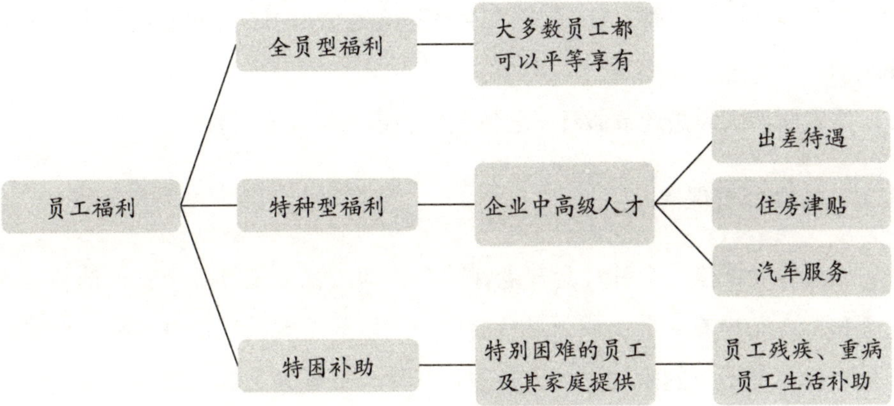

图 9-5 员工福利分类五

最后，还可以根据员工是否有权利选择来划分，可以划分为固定福利和弹性福利，如图 9-6。

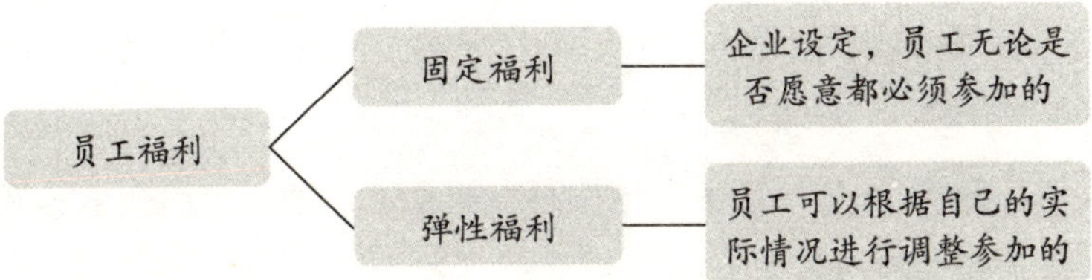

图 9-6 员工福利分类六

所以一个简单的福利，根据不同的视角就可以划分为不同的分类，想做好企业的福利管理并不是一件简简单单的事情。是否是福利越多越好？在不同类型的企业如何选择合适的福利，才能达到最优的效果，这些都是需要根据企业性质及企业现实经营状况进行讨论和商榷的。

二、法定福利项目

上文已经讨论过根据福利是否是法定性的可将福利划分为法定福利和非法定福利。在我国，法定福利一般是由“五险一金”和法定假期来构成。“五险”指的是养老保险、医疗保险、失业保险、工伤保险和生育保险；“一金”指的是住房公积金。其中养老保险、医疗保险和失业保险，这三个险种是由企业和个人共同缴纳的保费；工伤保险和生育保险完全是由企业承担的，个人不需要缴纳。

法定假期则为法定节假日、公休假日和带薪年休假三种。

1. 社会养老保险

社会养老保险，全称社会养老保险金，即由社会统筹基金支付的基础养老金和个人账户养老金组成，是社会保障制度的重要组成部分，是社会保险五大险种中最重要的险种之一，是国家和社会根据一定的法律和法规，为解决劳动者在达到国家规定的解除劳动义务的劳动年龄界限，或因年老丧失劳动能力退出劳动岗位后的基本生活而建立的一种社会保险制度。

依据上文所说，养老保险是需要员工和企业共同缴费的。企业缴费比例一般不超过员工工资比例的 20%，个人缴费为工资缴费基础的 8%。

职工的缴费基数下限是本市上年度月平均工资的 60%，而上限则为本市上年度月平均工资的 300%。

员工累计缴费 15 年以后，退休按月发放基本养老金。而基本养老金分为基础养老金和个人账户养老金。

基础养老金标准是以当地上一年度在岗职工月平均工资和本人指数化月

平均缴费工资的平均值为基数，缴费满 1 年为 1%。而个人账户养老金则是个人账户储存额除以计发月数。

这样说，也许大家还是不清楚是怎么回事，来举一个例子。例如，某人从 2002 年开始缴纳社会保险，至 2016 年年底退休，正好缴费 15 年整。假如这缴费的 15 年间当地的平均工资水平不变，2002 年缴费基数为 1600 元。上一年度也就是 2001 年职工平均工资为 1200 元。则 2002 年，平均的缴费工资指数为 1600/1200=1.3333。这个 1.3333 是平均缴费指数。这样可以算出他 15 年来的平均缴费指数为（1.3333×15）/15=1.3333。所以此人指数化月平均缴费工资为 1200×1.3333=1600 元。

那么基础养老金则为（1200+1600）/2×15×1% =210 元。而个人账户养老金则为【（1600×20% +1600×8%）×12×15】/（15×12）=448 元。

这样计算下来，此人退休后每个月的养老金为 210+448=658 元。

从这个公式可以看出，由于有基础养老金的存在，缴费基数的提高并不会使得退休后的养老金能够同比例地提高，至少可以说不是同步的。

2. 医疗保险

如果说，养老保险是保险中的长期投资，那医疗保险就是投资短见效快的险种了。毕竟疾病是不可预知且没法避免的。所以能够减少我们因疾病产生的各类费用的医疗保险就显得尤为重要。

对于我国城镇职工参加医疗保险有 3 个规定。

（1）基本医疗保险由用人单位和个人共同缴纳

用人单位缴纳的大约为职工工资的 7.5%，而员工缴费比例为工资收入的 2%。这个比例可以根据情况来进行调整。

（2）用人单位和个人缴费基数

用人单位缴费基数是上一年度职工平均工资总额，而本人则是以上一年度个人的平均工资为基数的。但是上一年度的个人平均工资会因为各个因素而产生变动，所以单位和个人的缴费基数也会发生改变。但是会设置一个最低限额，最低是不能低于上年度本市平均工资的 60%。最高限度不得超过本市职工月平均工资的 300%。

（3）用人单位缴纳的基本医疗保险费有一部分划入个人账户

用人单位缴纳的费用分成两个部分，一部分用于统筹基金，另一部分是直接划入个人账户，一般是用人单位缴费的30%，但是会根据地区经济发展情况等因素做一些调整。

3. 失业保险和工伤保险

失业保险费由单位和职工共同缴费。单位按照单位工资总额的2%缴纳失业保险费，职工按照本人工资的1%来进行缴纳。

在失业期间，职工最长的领取失业保险的期限为24个月，最短时间为12个月。失业保险金的标准低于当地最低工资标准，高于城市居民最低生活保障。

对于工伤保险，职工是不用缴费的，都是由单位来承担。这个原则是基于“无过失原则”的。工伤保险是由工伤保险基金、待遇给付和工伤或职业病认定三个部分来认定。

项目一般包括：工伤医疗费用、根据劳动能力丧失程度确定的伤残补助金、伤残津贴、伤残护理费、因工死亡劳动者直系亲属领取的丧葬补助金、供养亲属抚恤金和一次性工亡补助金。

但是以上的赔偿并非没有条件的。最重要的就是界定是不是工伤。对工伤的界定一般是非常严格的，按照规定，工伤指的是职工在工作时间、工作区域内，因工作原因发生意外事故伤害或患职业病。所以看似简单，但其实相对较为复杂。

4. 住房公积金

住房是我们每个人都比较关心的问题，在国家的法定福利中，住房福利也是被加了进去的。以住房公积金的形式对职工提供了一定的住房保障。

国家对于法定住房福利有两个政策，1999年4月3日国务院颁布了《住房公积金管理条例》；2002年3月24日根据在《住房公积金管理条例》的具体实施过程中所出现的问题对其进行进一步的修订。在这两个条例中就对住房公积金的缴纳比例和缴纳基数有了确定。

（1）缴纳比例

根据《建设部、财政部、中国人民银行关于住房公积金管理若干具体问题的指导意见》（建金管〔2005〕5号）的规定，设区城市（主要指地级市）单位和职工缴存比例不得低于5%，不得高于12%（2016年5月1日起）。

财政部、国家税务总局《关于基本养老保险费基本医疗保险费失业保险费住房公积金有关个人所得税政策的通知》（财税〔2006〕10号）中规定，单位和个人分别在不超过职工本人上一年度月平均工资12%的幅度内，其实际缴存的住房公积金，允许在个人应纳税所得额中扣除。也就是说，如果住房公积金缴纳的多，那么相应的扣除的个税就会降低。

单位和个人超过上述规定比例缴付的住房公积金，应将超过部分并入个人当期的工资、薪金收入，计征个人所得税。这就是说，单位为个人缴纳或者个人缴纳比例超过12%的部分，将计入个人的工资、薪金所得，按照规定缴纳个人所得税。

（2）缴纳基数

根据《住房公积金管理条例》的规定，职工住房公积金的月缴存基数为职工本人上一年度月平均工资。单位为职工缴存的住房公积金的月缴存额为职工本人上一年度月平均工资。

新参加工作的职工从参加工作的第二个月开始缴存住房公积金，月缴存基数为职工本人当月工资。

单位新调入的职工从调入单位发放工资之日起缴存住房公积金，月缴存基数为职工本人当月工资。住房公积金在我国属于法定福利范畴，是我国在特定历史时期为员工提供的住房福利计划。在企业中，除法定住房公积金外，还有为员工提供其他形式的住房福利计划。

5. 法定假期福利

下面是与我们员工休息权息息相关的福利也就是法定假期福利。在我国目前这种福利大概有三大类。

第一类法定节假日，是国家依照法律规定的休息时间。

根据《全国年节及纪念日放假办法》，全体公民放假的节日包括：

- 元旦，放假 1 天（1 月 1 日）
- 春节，放假 3 天（农历正月初一、正月初二、正月初三）
- 清明节，放假 1 天（清明当日）
- 劳动节，放假 1 天（5 月 1 日）
- 端午节，放假 1 天（农历端午当日）
- 中秋节，放假 1 天（农历中秋当日）
- 国庆节，放假 3 天（10 月 1 日、10 月 2 日、10 月 3 日）

部分公民放假的节日及纪念日：

- 妇女节（3 月 8 日），妇女放假半天
- 青年节（5 月 4 日），14 周岁以上的青年放假半天（15—34 岁的人为青年）
- 儿童节（6 月 1 日），不满 14 周岁的少年儿童放假 1 天
- 中国人民解放军建军纪念日（8 月 1 日），现役军人放假半天

法定节假日劳动者有权休息并且工资照常发放，如果劳动者在节假日在单位从事了单位的劳动，则支付的工资不能低于原工资的 300%。也就是我们常说的，节假日上班工资是原来的三倍。

第二类的法定假期是公休假日。公休假日是劳动者工作满一个工作周后的休息时间。也就是我们常说的星期六和星期天。根据《劳动法》的规定，用人单位要保证劳动者每周至少休息一天。组织可以根据自己情况来进行调整。

第三类的法定假期是带薪的年休假。《劳动法》第 45 条规定，国家实行带薪年休假制度，劳动者连续工作一年以上者，可以享受带薪年休假。具体的计算不做赘述。

三、非法定福利项目

上一节主要讨论的是法定福利部分，这一部分是国家强制要求的，非做不可。而本节讨论的内容主要是非法定福利的部分。而非法定福利的项目可能有着更加特殊的作用。比如说增加员工的满意度和安全感，当然最

重要的是可以吸引和留住非常重要的人才，有时候福利能起到一些直接工资起不到的作用。那么非法定福利有哪些呢？当然非法定福利的项目非常多，是不可能面面俱到的。以下根据非法定福利的功能划分来确定几类来简单介绍。

这几类分别是企业安全和健康福利、企业设施性福利、企业文娱性福利、企业培训性福利和企业服务性福利。

1. 企业安全和健康福利

由企业提供的旨在防范员工安全和健康风险的福利，具有风险分散的保障性功能，包括企业年金、健康保险、住房援助计划等。主要包括企业年金、健康保险（商业健康保险）、住房援助计划。

（1）企业年金是企业补充养老保险或者在一些国家被称作私人养老保险，又称职业年金。不管名称是什么，都是企业或行业自主发起的员工养老福利，也是企业法定养老保险的非常重要的补充来源。目前对于企业年金的设计有四种形式：

第一种是统一型的年金福利计划，也就是说参加这个计划的职工都能得到一个相对固定的退休金，而这个退休金和他的工资收入、工龄没有直接关系。

第二种是根据职工工作年限及退休前几年的工资水平确定。比如下表。

表 9–1 某企业的企业年金计发比例

工作年限	计发基数	计发比例
工龄≥5年	按照职工退休前3年或5年工资	20%
工龄≥6—10年		40%
工龄≥11—15年		50%
工龄16年以上		60%

第三种模式是将参加者的工龄与工资收入相乘，再乘以一个百分比来确定退休金。例如，某公司企业年金计算公式规定，公司退休金系数为1%。如果一个职工在30岁时参加该计划，在到45岁时的这15年中每年年工资收入

300000 元；而在从 46 岁到 65 岁退休的这 20 年中，每年年工资收入 500000 元，那么他的年退休金为：

1% ×300000×15=45000；1% ×500000×20=100000；

总的退休金为 45000+100000=145000。

即该退休员工每年的退休金为 145000 元。公司年金系数是一个比较灵活的变量，有些企业随着工龄的增长而加大系数。如 50 岁以下的系数为 1%；50—65 岁系数为 1.5%等。

第四种是按养老金收益和服务年限计发。同样来举一个例子，比如企业规定员工在本企业每服务 1 年，可以享受 2400 元养老金收益。一个员工在这家企业服务满 20 年，则可以享受 48000 元 / 年的养老金。

按照这种方式实行后又有两种模式，第一种模式待遇确定制（DB）的企业年金计划一般由雇主单方缴费，但有时职工也需向企业年金计划缴纳一定百分比，由雇主弥补剩余部分。第二种模式缴费确定制（DC）一般先确定缴费比例，由雇主和职工或只由雇主缴费，计入职工的个人账户。到职工退休时，根据个人账户缴费的积累额（本金、利息和投资收益）一次性或定期领取年金。

DB 计划比 DC 计划应用更为广泛，但近些年 DC 计划规模也在不断扩大。DB 计划中，员工养老金收入相当于退休前工资的 20%—30%，视工龄不同而有所差异。

（2）健康保险计划

这种保险计划又称企业补充医疗保险或企业医疗保障计划，是企业为员工建立的、用于提供医疗服务和补偿医疗费用开支的福利计划，也是对社会医疗保险的一种补充。一般来说有四种形式。

第一种是企业医疗基金。当发生费用的时候，企业先用现金或者事先储备好的专门资金来支付赔偿，比如说企业将一笔专项资金用于大病保障，但是实际上采用这种方式的企业是比较少的，大多数都会交给专门的健康保险公司来操作。

第二种是团体健康保险。企业可以为职工购买四类团体健康保险用于为职工抵御不同类型的疾病类型。一是保障职工的基本医疗费用。日常生活中的基本医疗费用包括比如住院、外科手术、门诊等。二是大额的医疗费用保险。对于职工而言，严重的疾病和伤害事故可能会直接导致职工和他的家庭陷入贫困。所以有些企业会给员工购买大额的医疗费用保险，用以承保由于严重疾病或者伤害事故导致的高额费用。这部分可以用于基本的医疗保险不予支付的部分，因为基本的医疗保险的支付范围是非常有限的。三是特殊的医疗保险。这种保险一般用于重大疾病，比如心肌梗死、恶性肿瘤等，因此特殊疾病保险又称重大疾病保险。此类保险一般保险期为1年，期满可以续保。保险金一般按照指定项目实行金额给付，给付的金额也是有限制的。四是丧失工作能力的收入保险。这种保险对于由于疾病、伤害不能工作的收入损失所进行的保险，它也是健康保险中的一种特殊的形式。这种保险的保险金给付一般是和保险人患病前的收入相关的，要看具体情况而定。

第三种是健康储蓄保险计划。这种保险是在雇主保险费支出预算逐年增加的背景下，为雇主和职工减少保险费成本，从而达到保费支出与健康服务平衡而设计的，受到低收入群体欢迎。一般情况下，每年个人只需将65%的自付款额存入银行，家庭只需把75%的自付款额放入银行，只有就医时才从这一账户扣除，不看病时，这些钱就如同活期存款存于银行产生利息。健康储蓄账户属于个人所有，当职工更换雇主时，也能顺利转移至新雇主的管理范围内。

第四种是员工心理健康援助计划。EAP是一项帮助员工及其家属解决职业心理问题，由企业出资为员工设置的一套系统的、福利性的心理健康服务项目。比如教育成长类服务，企业为员工提供业余的学习机会，帮助他们更好地了解个人人格的成长；再比如休闲娱乐类服务，这类服务使得我们的员工和家属在业余的时间通过适当的休闲活动，来释放精神压力和恢复体力，充实业余生活等。第三类危机干预类的服务包括压力管理，忧虑、焦虑及骚扰问题的缓解等；还有就是福利服务类，比如急难救助，照顾老人和小孩，法律和财务咨询等。

目前中国企业健康保险计划还没有得到充分的发展，一方面是因为企业还没有认识到健康险在员工福利计划中的重要地位，以及基本医疗保险的存在弱化了企业健康保险的紧迫性；另一方面从保险市场来看，健康保险发展尚不成熟，具体表现在：风险控制能力薄弱、经营效益不善、产品开发技术落后、有效供给严重不足、组织培训体系欠缺和市场推动受到抑制等，还有待进一步的发展。

（3）住房援助计划

企业在法定住房公积金的基础上，为员工提供补充性住房福利。包括四种形式：

第一类是现金津贴。包括一次性的住房补贴和企业为员工提供的购房配套储蓄两种，一次性的住房补贴用于帮助员工支付购房款或者房屋的租金，但是如果员工在合同期内离职，他必须将雇主之前发的住房补贴还回来，而购房储蓄是企业为了鼓励职工购房而储蓄，根据员工购房来提供配套资金。

第二类是实物资助。这里的实物主要是指为了改善职工的住房环境，或者为了满足职工的居住需求，为员工集资建房或者为员工提供宿舍，而有些企业还会和房地产开发商合作进行集体谈判，共同建设住房项目，将建好的房屋以十分经济的方式出售给职工。

第三类是购房贷款。除了提供实物的资助，有的企业还通过贷款的形式解决员工的住房问题。一般来说，采用三种比较常见的贷款方式。第一种是配合员工本身的银行贷款，提供无息或者低息的住房再贷款。第二种是组织有购房意愿的员工，以团购的形式向银行贷款，这种方式比职工个人去找银行贷款利率要低得多。第三种是企业还可以以担保人的身份出现为员工抵押证明，帮助员工从银行获得贷款。

第四类是非经济支持。除了以上几种方式，有些企业还提供非经济支持。例如，通过非营利组织向员工提供购房培训和咨询计划。这类服务可以有效帮助员工准确地评价自身状况。了解购房过程中的难点和掌握购房的流程，避免不必要的损失。

2. 企业设施性福利

企业设施性福利是组织为了满足或提高职工日常工作需求或满意度而提供的一种福利项目，比如员工餐厅、浴室、阅览室、班车、托儿所之类的福利等。组织在公司内部建立的食堂，一般是非营利性的，以低于成本的价格为职工服务，在有些企业，职工食堂是免费的。而对于没有职工食堂的企业来说，它们也会提供一些工作餐，或者安排职工统一就餐等。除此之外，提供饮水或自动售货机服务在企业中是非常常见的。还有些企业提供上下班的接送服务，不能提供班车的，企业就会以交通补贴的形式来补偿职工的交通成本。

3. 企业文娱性福利

有些企业为了促进职工的身心健康、丰富员工的精神和文化生活，也会提供一些文娱性福利，比如企业为职工提供健身房和各种健身设施，还为员工举办健康教育讲座，这些举动的目的就是改善和维持员工的身心健康。企业还会定期进行全员外出旅游，比如春游等，还会给员工提供旅游假期并报销旅游费用等。

4. 企业培训性福利

培训性福利就是说企业通过一定的教育或培训手段来提高员工素质和能力，一般情况下，培训分为内部和外部培训两种，前者主要是在企业内部进行，例如，开设一些大学课程，聘请一些大学教授或者大企业经营管理者来授课。后者则主要是鼓励职工到社会上机构，如大学或者其他培训组织接受培训，企业为参加培训的职工报销学费和提供适当的补偿。

5. 企业服务性福利

企业服务性福利一般分为几种。第一种服务性福利是“雇员援助计划”（EAPs）。正如前文所提的一样，这类福利属于治疗性福利措施，主要针对员工类似酗酒、赌博等一系列的问题提供咨询或者帮助的计划。第二种服务性福利是“雇员咨询计划”。这种计划和第一种有类似的地方，但是提供的内容主要是帮助职工完成一定的决策，比如夫妻和家庭问题的解决，职业生涯的咨询，法律的咨询以及退休咨询。正是由于当前职工在巨大的压力下，所以职工对于这类福利的需求大大增长。第三种服务性福利是“家庭援助计划”。这种计划是企业向雇员提供照顾家庭成员的福利，主要是用来照顾老人和儿童。也是因为老龄化、双职工和单亲家庭的增加，员工照顾年迈父母和年幼子女的负担加重了，企业为了缓解这类压力，会提供这样的援助计划。比如设计弹性工作时间、请假制度等，还会提供一些照顾老人的信息，甚至有些企业还会为有老人住在养老院的员工提供一定的经济补偿。第四类是“家庭生活安排计划”。这类服务要求企业安排专门部门为员工料理生活中的琐事，与后勤服务性质类似。

以上则是目前市场上比较常见的一些非法定福利部分。各位读者可以对照自己企业的情况来看，未来随着社会经济的发展，可能会设计出更加丰富多彩的非法定福利来提高员工的满意度。

四、如何做出适合的福利方案?

上文讨论了法定福利项目和非法定福利项目，可仅仅知道这些是不够的，小到企业，大到国家，都会有符合自己特色的福利方案。形式多种多样，所以无法形成一个大一统的福利方案，供所有的企业照章办事。所以，本节仅仅提出几种比较有代表性的福利方案供参考。各位可以根据这些方案，再结合自己企业自身的状况来进行调整。

1. 带薪休假与社会保险福利方案

带薪休假主要包括节假日、病假、遣散费等。节假日的概念很好理解，如果员工在法定的节假日工作，给以相应的薪资补贴。而带薪病假可以让员工在规定的每年病假时间限制内，为员工提供全额薪资。而超过的时间限制之后，也可以根据企业的状况，给予 80%或者一定比例的工资。遣散费是当企业要与某一个职工解除劳动关系的时候，根据《劳动法》给予一定的经济补偿，也可以考虑在此之上多追加一些经济补偿，也体现出企业的人道主义关怀，提升企业的良好公众形象。

社会保险属于国家强制缴纳，在这里不再赘述。

2. 弹性福利方案

对员工而言，并不是所有组织提供的福利都能够吸引他，因人而异。有些企业开始尝试用一种新的方式，让员工自己来选择自己喜欢的福利方案。大多数的弹性福利方案都采用自助的方式，企业给每一个员工制定一个福利基金预算，让员工用这些福利基金来购买自身偏好的福利。其中有两点要注意，第一是成本的控制，严格控制每一个员工福利基金的预算，如果发生超出的现象，那么成本就控制不住，另外还会造成很多员工会相互比较的现象，造成混乱。第二是员工要能够根据自己的偏好和需求来调整自己的福利计划。

弹性福利方案的构成主要有三部分。

表 9-2　弹性福利方案

福利类型	用　途
核心福利	必须向员工提供的最低福利，用来保障员工基本的需求。例如，法定要求的保险之类的，这一部分不能由着员工的性子来，如果员工自己选择不交保险是不行的。这样做的风险是很大的
信用积分	在方案中要计算每一个员工可以使用的预算金额，这些需要一定的计算指标，而且最好都是可以量化的指标，比如职位级别、薪资等级、司龄等，员工据此来积累金额产生积分，这就是信用积分。然后用积分来计算福利
可选择的福利	员工可以用积分来购买这些福利。比如常见的带薪休假、杂志阅览、健身卡、体检等

虽然弹性福利方案看起来很美，但并不是所有的企业都愿意实施这种福利方案。主要原因有三方面，第一，这显然直接增加了企业额外的管理成本；第二，比较复杂的方案会让管理压力陡然增加；第三，需要向员工解释各种选择的优劣，员工选择的随意性也会导致有大量的时间消耗在此。

第十章

绩效管理

——老板眼中的核心工作

绩效管理大概是每一个中小企业人力经理心中之痛，也是老板最关注的核心工作，想要达成好的绩效，中间涉及的因素其实很多，中间任何一个环节出了问题，都会导致最后达不到理想的绩效，在老板的眼中，绩效管理等同于绩效考核。其实，绩效考核只是绩效管理中的一个环节。本章将详细介绍如何做好绩效管理，并针对中小企业的特色展开阐述。

一、什么是绩效？

提起绩效，几乎所有的人力资源工作者都知道其重要性，因为重要，所以上心，但是总也无法做到令领导满意，甚至有些职场人连到底什么是绩效都不是很清楚，认为绩效不过就是打打分，发发绩效工资而已。其实远没有那么简单，那么什么是绩效呢？

绩效一般来说分成两个部分，组织绩效和个体绩效。组织绩效是针对整个企业而言的，而个体绩效主要就是员工绩效。那么对于企业来说，这个组织绩效可能是销售额、利润额或者是市场占比这类指标，这些都是属于企业绩效的范畴；个人绩效一般来说又分为几个方面，比如工作效率、工作数量和工作效益。

从以上的表述，可能很多人要问，绩效到底是一个过程还是一个结果呢？

其实这个问题在很长一段时间是存在着争议的。有人说，绩效就是结果，比如销售人员，他的绩效就是他的销售额。那又有人说了，一个在公司里负责社保工作的人事专员，如果有员工不是很清楚关于社保的情况而去咨询他，他可能有三种应付的方式，第一种，态度粗暴地拒绝，并说你自己去查资料去；第二种，态度很好，但是不是很熟悉这里面的操作，自己查资料找了半天才给员工解决这个问题；第三种，很熟悉业务，态度也很好地帮助员工解决了问题。那你说这三种情况，你最喜欢哪一种呢？很明显是第三种，因为第一种是既没有态度，也没有工作能力；第二种，虽然态度很好，但是工作能力就差了不少；第三种，既有态度，又有工作能力。那通过这个例子，是不是能看出，其实绩效也是一种过程呢。

再往后的绩效管理的研究中，这两种观点一致地在相互渗透和演化。所以，现在大家理解，绩效既是一个结果，又是表现的一个过程。比如刚才我们说的这位人事专员，虽然看起来是一个过程，但是究其根本她还是提高了公司里面人力资源为员工服务的质量，这不就是一个结果吗？所以，目前主流的观点是认为，绩效是过程和结果的结合。

20 世纪 90 年代以后，对绩效的研究又进入了一个新的领域。传统的绩效管理认为，个人绩效指标的提取源自每个员工的岗位职责。但是如果每个人都严格按照自己的岗位职责来做事，其实也是有问题的。毕竟，员工的岗位职责不一定是面面俱到，而且，员工的很多工作行为，不见得都是自己个人绩效中的指标，但是做了可能会对组织绩效的提升很有帮助。

可以举一个例子来进行说明，比如公司来了一个应聘者，但当时所有负责招聘的人都在忙碌，把应聘者晾在前台。那么不同的前台会怎么做呢？如果一个前台看到这种情况，能够主动先安排应聘者在沙发就座，给倒杯水，再拿一些公司的宣传资料给应聘者了解一下企业的情况，在应聘者等待的时间中，如果手头上没有特别重要的工作，帮着去联系面试官，尽早地让员工进入面试环节。那么即使应聘者没有通过面试，他也会觉得这个前台好热情啊，对这个企业的印象好了很多，提升了雇主品牌，能让更多的人了解雇主的文化，从而加大了吸引优秀人才的力度，这不就是提升了组织绩效吗？按理说，这个工作不一定是写在前台的岗位职责中的，但是做了却是有好处的。这个就是周边绩效的产生。

所以，后期西方的很多学者开始研究绩效结构的问题。研究者发现，除了一些由于任务的产生而引出的绩效以外，还有一些是不好量化的指标，比如努力程度等。所以，研究者把绩效分成两个方面，即任务绩效和周边绩效。

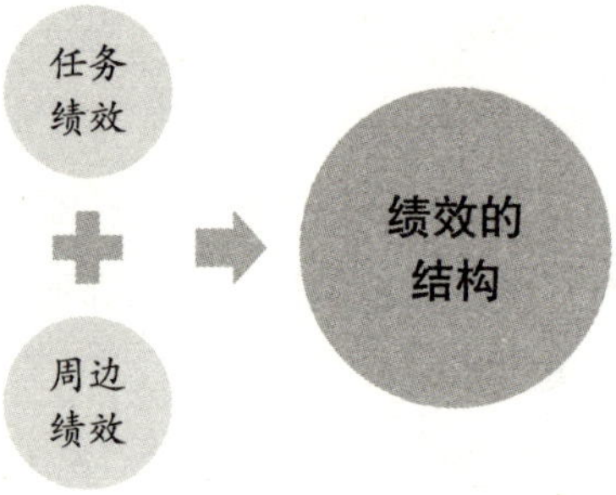

图 10–1　绩效的结构

任务绩效就是岗位职责范围之内的工作带来的绩效。这个业务活动是直接作用于组织绩效的实现的，换句话说就是岗位职责。而周边绩效是源于周边的活动，这个周边活动不是一定在岗位职责范围之内的。但是，做了这个工作，会对组织绩效的提升有一定的帮助。这种情况在工作中是非常常见的。

举一个最常见的例子就是政府部门。例如，你去政府部门办事，恰好你找的这个办事人员今天不在，按照传统的做法，其他的工作人员就会说，你明天再来吧，或者说，我们也不知道他什么时候回来，等他上班再办吧，浪费了你的时间。如果这个时候，其他的工作人员说，他今天不在，你稍等一下，我这边手上的事情忙完，我帮你处理一下。很明显，这样提升了组织运行的效率。但这个工作人员并没有按照他的岗位职责的内容去工作，而是做了本岗位职责之外的内容。所以周边绩效是能够提升组织绩效的周边活动带来的绩效。

综上所述，现在的绩效结构是由两部分组成的，任务绩效和周边绩效。任务绩效源自岗位职责，是为了完成一定的工作而完成的绩效。而周边绩效，更类似于胜任力，看起来好像很虚，没法量化，但是做了却对提升组织的效益有很大的帮助。

二、绩效管理的发展阶段

就像前文所述，很多人认为绩效管理就等同于绩效考核，殊不知两者之间存在巨大偏差，但又不能认为这完全是错的，主要是因为绩效考核是绩效管理的一部分，是绩效管理发展的最初阶段。

绩效管理一般分为三个阶段，第一个阶段是绩效考核；第二个阶段是绩效管理；第三个阶段是战略性绩效管理阶段。

拿第一个阶段绩效考核来举一个例子。十几年前，我还在研究所工作的时候，每年都会做绩效考核，主要的内容就是阐述一下做了哪些工作，然后会有自我评价的分数，之后直接上级和事业部主任都会打分。但是，我们这些基层员工讨论的时候发现大家写的好像都差不多，最后自己也不知道写了这个有什么用，只是知道必须写，而且也不知道领导对自己的工作到底是什么评价。这就是当时的绩效考核的状况，不光是我们研究所这样，应该说社会上大多数公司都是这样做绩效考核的。

1. 传统绩效考核存在的问题

传统绩效考核存在如下的三个问题：

（1）没有区分度

就像前面所说的一样，只要工作的内容相似，那么最后绩效考核的大部分内容都是相似的，无非就是在完成的数量上有点差异。如果是非业务部门，几乎都是一样的。

（2）没有反馈

有很多公司的情况可能和研究所类似，就是绩效考核的分数并不会和每个月的工资挂钩，甚至也不会和其他的福利待遇挂钩，当然是不是会影响职位的升迁，其实也是不知道的。也就是说，被考核者是没有得到任何反馈的。这样的话，被考核者并不知道自己做得对还是不对，好还是不好。也不利于后期进一步改进自己的工作。

（3）结果没有得到运用

其实这一点和第二点有些许类似，也就是说被考核者也不知道这个结果到底是干什么用的？比如薪酬的调整、培训等，如果没有运用的话，那这个绩效考核就没有任何意义了。

这就是最传统的绩效考核存在的问题。

2. 传统绩效考核问题的解决

那么这几个问题如何解决呢？随着绩效管理的进一步发展，这几个问题也在逐步得到解决。

（1）绩效考核要有区分性，要有区分度

绩效考核不能大家都一样，要能够通过绩效考核把被考核者的业绩的优秀、良好、中等和差区分出来。所以在指标的设计中要量化，对于有些量化的职能部门，也要尽可能定性，能够行为化。只要能够区分就可以，这样随着绩效考核的发展就渐渐诞生出了 360 度、MBO 等各种考核方式和指标的设计。

（2）考核者对被考核者的评价一定要让被考核者知道

作为被考核者如果不知道考核者是如何评价自己的，如何进一步调整自己的工作呢？另外，现在工作的复杂性，很多工作并不是一个人单枪匹马能够完成，很多时候是需要同事，上级给予支持。那么没有评价，被考核者也不知道自己哪一块做的薄弱，更不可能在这个基础上去寻求帮助和支持，最后只能越来越差。

所以根据这个问题，就提出来一定要做绩效面谈，这是非常重要的环节。就是在绩效考核结束之后一定要有面谈的环节。在面谈中，双方就工作中做得好与不好的部分进行讨论，让被考核者知道哪里值得肯定，可以继续保持。哪里有不足，不足的原因是什么，该如何进行改进等。

（3）绩效考核的结果运用

没有结果运用，相当于绩效考核没做。所以，绩效考核的结果要运用到薪酬、职业生涯规划、培训和晋升等人事活动当中去。

所以正是由于有这三个问题的存在，绩效考核就不单单是绩效考核了，就要求在绩效考核系统的设计上将绩效指标、考核方法进一步精进，要有区分性、要对结果有一定的反馈，能够进一步运用结果。这些内容加入后，绩效考核就不是简简单单的绩效考核了，就变成了绩效管理，变成了一个完整的闭环。

3. 个人绩效和组织绩效

有人说，如果绩效考核发展到了绩效管理，就万事大吉了。其实不是这样的，因为又有新的问题产生。在企业发展的过程中，出现了这样的一种情况，个人绩效完成得很好，但是组织绩效却不尽如人意，没有得到相应的提升。这也是很多企业家想不通或者非常头痛的问题。如果说组织绩效不高，个人绩效也不好，这还有原因可查，至少还有提升的空间。而这样的情况，员工干得很棒，绩效奖金、年终奖金一个都不能少，可组织利润却很低，这是怎么回事呢？

这其实是个人绩效和组织绩效脱节的表现。为什么会出现这种情况呢？因为个人绩效源于岗位职责，那么这种情况下就可能出现和组织绩效不一致的地方。比如说一个销售人员为了完成每个月的业绩目标，不去考虑团队的绩效，去抢别人的客户，或者本应该这个月成交的客户，因为这个月绩效已经达成而故意放到下个月，结果导致客户的流失，等等，其实在工作中能遇到很多这样的情况，对于个人来说是正面的，但是对于组织来说反而是负面的。所以就出现了个人绩效和组织绩效两者的不一致。

4. 战略性绩效管理

战略性绩效管理即个人的绩效要和组织绩效相关，组织绩效是要符合公司的战略要求。例如，一些转型中的企业，其实是要经历阵痛的，因为转型要让组织和个人都从原有的舒适区出来，去做符合组织战略的工作。举个简单的例子，公司要从一个商业模式转型到另一个商业模式，按照个人绩效来说，做好自己的工作即可。但是在倾向性上，组织绩效要求你不仅仅要做好原有商业模式的工作，还要做好转型中的工作，这个对于个人来说就是巨大的挑战了。

战略性绩效管理的绩效考核指标不仅仅是从每个人的岗位职责中提炼出来的，更多是从战略这个层面拆分出来的，所以这种分解的方法，除了总量还有结构指标，通过结构指标的占比，让每位员工清晰地了解，哪些是必须完成的工作。哪些是你即使不想，但因为是符合组织战略实现的，也必须做。通过这样的方式，员工的绩效考核指标就是以战略目标为基础层层分解下来的。每个人每天做的工作都是实现组织战略的过程。这个就是战略性绩效管理。

战略性绩效管理解决了个人绩效和组织绩效挂钩问题，使个人绩效和组织绩效保持一致。

三、绩效考核与绩效管理

从上面我们也得知，绩效考核只是绩效管理的一部分。绩效管理涵盖了绩效考核，那么绩效管理包括哪几个部分呢？

图 10-2 绩效管理流程

1. 绩效计划的阶段

（1）绩效计划的制订

绩效计划是在每一个绩效管理周期开始之前，管理者和下属在充分沟通和协商的基础上，对这个阶段里面的整个绩效目标、实现路径、可能遇到的问题、解决方法以及所需要的支持等内容形成完整的计划。

（2）绩效计划制订环节中需要注意的几点

• 员工要充分地参与

员工自己有自己的目标和实现路径，他才会去主动思考自己的工作，最后他也才会认可自己的考核结果。否则，如果目标都是管理者给设置的，最后员工完不成，会说，这些工作我根本就做不到，是领导强加给我的，对结果当然不认可了。

• 管理者要对绩效计划起到指导作用

管理者在整个绩效计划制订的过程中起到非常重要的指导作用。员工自行制定要实现的目标，当然目标定得很低是不可取的，标准过低将无法达到组织战略目标。但是也并不是表示定得越高越好，难度越大越好。一定是要结合员工自身的能力和组织的要求。所以作为上级的管理者，应该非常了解下属的能力，也要非常清楚地知道组织的要求和工作中具体的业务流程，才可能指导员工做出一个与员工能力相符，也和整个组织战略相符的计划。

2. 绩效的沟通和指导

有了绩效计划，下一步就是要开始执行计划。在执行计划的过程中，需要绩效辅导和沟通。员工按照计划去工作，但工作过程及结果管理者需要跟进，在持续的跟进中去发现员工在工作中可能存在的问题，帮助员工去纠偏，协助并指导员工解决难点问题。

3. 绩效考评与反馈

执行工作做完后，就涉及绩效考评与反馈。

（1）绩效考评

在绩效管理的末期，开始对员工进行考评。那么考什么呢？主要从内容、指标和标准三个角度来进行评判。

表 10–1　绩效考评的评判维度

内　容	指　标	标　准
要什么就考核什么	内容的具体操作	指标达到的程度

三者相互关联，相辅相成。

• 内容

内容部分显而易见，那就是为了实现组织的目标而需要员工去做的工作，在这里设计的考核内容就可以带一些倾向性，通过绩效内容所占的比例和所占的权重大小就可以对员工的绩效工作进行引导。

• 指标

员工考核指标的来源是什么呢？通常情况下是员工的岗位职责和组织目标还有一些其他的因素，比如原有的需要改进的内容和企业价值观之类的内

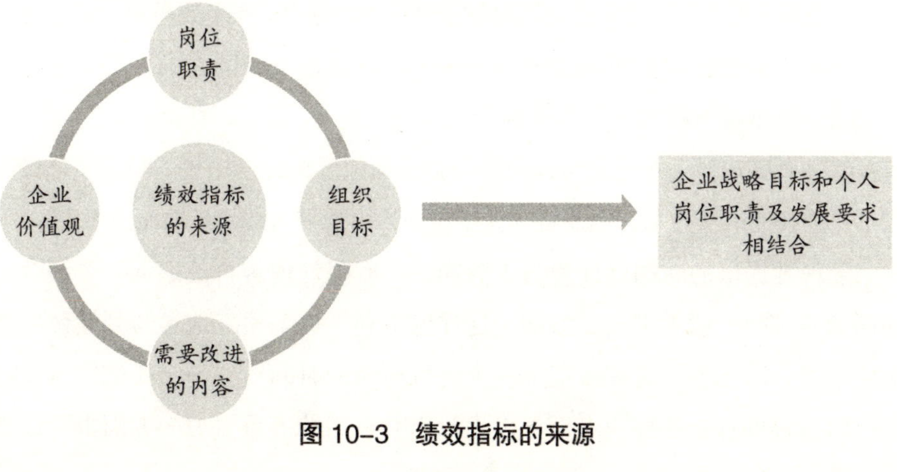

图 10–3　绩效指标的来源

容，最终形成员工考核指标。简言之，指标的来源是企业战略目标和个人岗位职责及发展要求相结合。

• 标准

标准部分不难理解，此处不赘。

（2）绩效反馈

绩效考评结束后，管理者要对员工进行绩效反馈。很多人认为绩效考核就是打打分，计算一下绩效奖金，其实真正的目的是提升绩效，所以才要重视反馈。所以在现代绩效管理体系中，管理者这样的考核主体，更多的应该是教练，而不是裁判。裁判只是告诉你哪里对哪里错，只告诉你一个结果；而教练是要教员工怎么做得更好。所以管理者不是做评判的而是帮助提升能力的，作为一个管理者，要把对下属的能力提升也作为自己的重点工作和考核重点。

绩效反馈的重点在于如何去改进，找到问题产生的原因，考虑应该怎么样去解决这个问题。那么如何做好绩效反馈呢?

要想充分实现绩效反馈面谈的上述目的，就必须做好充分的准备。由于绩效反馈面谈是管理者与员工双方的责任，那么管理者都应该为绩效反馈面谈做好各自的准备。

• 选择适宜的时间

选择什么时间进行绩效反馈面谈非常关键。管理者在选择时间时通常要注意以下几个问题：

选择管理者和员工双方都有空闲的时间。如果在绩效反馈面谈的时间又安排了其他事情，那么在绩效反馈面谈时就很难集中注意力，难免要想到其他事情。

尽量不要选择接近下班的时间。因为，在接近下班的时候，员工常常归心似箭，很难集中精力与管理者进行交流。

管理者要选择一个自己可以全身心投入绩效反馈面谈中去的时间。这段时间不要被其他事情打断，不要将其他工作中的事情带入绩效反馈面谈中去。

管理者提出的时间要征得员工的同意。有些管理者自己定下一个绩效反馈面谈的时间，就要求员工参加，这样做不利于员工很好地参与到绩效反馈面谈中去。因此，当管理者定下一个进行面谈的时间后，一定要询问员工这个时间是否可行，这样一方面可以表示出对员工的尊重，另一方面也可以确认员工在这段时间是否有其他的安排。另外，还应该计划好面谈将要花费多长时间，这样有利于安排好手头的工作，给绩效反馈面谈留下足够的时间，也可以对绩效反馈面谈的时间有总体把握。

• 准备适宜的场地

在什么场地进行绩效反馈面谈最好呢？通常，管理者的办公室是最常用的绩效反馈面谈场地。因为办公室给人以一种严肃、正式的感觉，这固然很好。然而，选用办公室作为绩效反馈面谈的场地也有一些局限性。首先，办公室里经常会遇到各种各样的打扰，比如电话、来访的客人，等等；其次，办公室的情境会给人以明显的上下级的感觉，容易给员工造成层级的压力。

那么，除了办公室之外，还可以选择哪些场地呢？据说，有一家大的跨国公司在绩效反馈面谈时有一个不成文的规定，管理者不得在自己的办公室里与员工进行绩效反馈面谈，他们必须到类似咖啡厅这样的地方与员工进行面谈，因为在这样的环境中员工会感到比较放松，容易充分表达真实的感受。在有些公司里，有一些小型的会议室，适合 3—4 个人坐在那里谈话，而且会议室的环境布置得比较轻松、和谐。远离电脑、电话和成堆的文件，管理者和员工坐在一起，喝上一杯茶或咖啡，这将是一种多么令人容易敞开心扉的情境啊！

在面谈的场地中，还应该注意安排好谈话者的空间距离和位置。这是面谈沟通中一个非常重要的问题。距离太远，沟通的双方无法清晰地获得信息；距离太近，又会使对方感到私人的领域受到侵犯，造成一种压抑感。

• 准备面谈的资料

在进行绩效反馈面谈之前，管理者必须准备好面谈所需的各种资料。这些资料包括对员工的绩效进行评估的表格、员工日常工作表现的记录等。在与员工进行绩效反馈面谈之前，管理者必须对有关的各种资料谙熟于胸，当需要的时候可以随时找到相关的内容。在面谈过程中最尴尬的事情之一是左翻右翻就是找不到所说的内容在哪里，或者当员工提到评估表格中的内容时管理者表现出诧异状，这就非常影响反馈的效果了。

• 对待面谈的对象有所准备

在面谈之前，管理者除了要准备时间、场地和资料之外，还要对将要进行面谈的对象有所准备。这种准备是一种心理上的准备，也就是要充分估计到被评估的对象在面谈中可能表现出来的情绪和行为。要做好这种准备，就必须很好地了解被评估对象的个性特征，以及本次绩效评估结果对其的影响，被评估对象对本次绩效评估可能表现出来的态度，等等。尤其是要准备好一旦被评估对象与管理者的意见出现不一致时，将要如何解释和对待。例如，有的员工可能在本次绩效评估中得到的评价比较低，这虽然是基于事实的客观评估，但可能与员工的自我评估有一定差距，员工对评估结果的接受可能会有一定困难。而且有些员工可能会过于敏感，情绪很不安和紧张。有些员工可能会提出超出绩效评估本身范围之外的问题。例如，职位的晋升、薪资的调整和奖金的发放比例，等等，因此也需要准备好对于这些可能会遇到的问题的回答。

• 计划好面谈的程序

整个面谈的过程应该如何来安排呢？这也需要事先做好计划。计划的内容包括面谈的过程大致包括哪几部分，要谈哪些内容，这些内容的先后顺序如何安排，各个部分所花费的时间大致是怎样的，等等。

首先，要计划好如何开始。绩效反馈面谈的开场白有各种各样的形式，采取什么样的方式开始面谈要取决于具体的谈话对象和情境。有的情况下，员工可能会对绩效反馈面谈比较紧张，这时管理者不妨以一些轻松的话题，如运动、天气等开始谈话，缓和一下气氛。而如果员工对绩效反馈面谈的目的比较理解，并且能够比较心平气和地接受绩效评估的结果，那么不妨开门见山地直接切入主题。

其次，要计划好绩效反馈面谈的过程，也就是在过程中先谈什么，后谈什么。绩效反馈面谈的过程有多种可选择的方式，以下这些做法都可以作为实施中的参考。

- 与员工沟通本次绩效评估的目的和评估标准，在这些方面达成共识之后再讨论员工的具体分数和对其的评估结果。
- 让员工自己谈谈对本次绩效评估的目的和评估标准的认识，主管人员进行补充和纠正。这样做一方面可以发现员工对绩效评估的认识是否存在偏差，另一方面可以调动员工的主动性。
- 让员工先叙述自己的工作表现，并对自己的工作表现进行评估，管理者除表达评估中一致的观点外，还需与员工一起对评估中不一致的意见进行探讨。

- 直接就评估表格中的内容逐项地与员工进行沟通，如果双方的认识一致，就进行下一项讨论，如果双方的意见不一致，就经过讨论争取达成一致。对于实在无法达成一致的意见，可以暂且搁置，事后再做沟通或请直接主管的上级进行仲裁。
- 先谈论员工在绩效期间工作表现的优点，对优秀成绩加以肯定，再谈论不足或有待进一步改进的地方。
- 管理者就员工的每一项工作目标达成情况，首先谈自己的意见，然后请员工谈谈是否有不同的看法。
- 管理者在面谈一开始的时候就向员工介绍自己所设想的面谈的程序，首先在程序上使员工有一个整体的认识。

最后，要计划好在什么时候结束面谈以及如何结束面谈。一般来说，在双方对绩效评估中的各项内容基本达成一致意见之后，就可以结束面谈了。如果双方就某些问题争执不下，管理者可以建议将其作为双方回去继续思考的问题，留做下一次面谈时重点沟通的内容，而不一定非要在当时得出结论。

4. 绩效结果的运用

如果绩效结果不能用于人力资源管理，那么绩效的制定将不产生任何价值。顶多是形式大于内容，成为某些不合理的管理手段的掩饰而已。正确的做法是，绩效结果应用在工资的发放、岗位晋升、岗位调配、培训等方面。

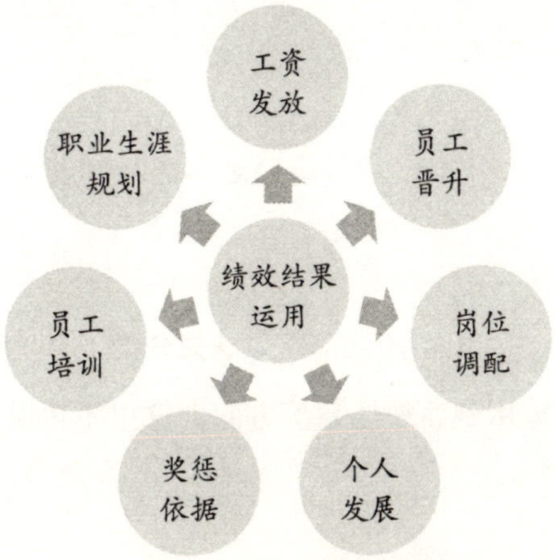

图 10-4 绩效结果的运用

下面举几个例子来进行说明。

（1）绩效结果可以应用在岗位晋升和辞退

如果绩效考核周期为月度考核，那么完全可以在年度考核中将每月的考核作为依据，最后形成年度考核。

表 10–2　年度考核依据

考核级别	评　价	结　果
A	优秀	优先或提前晋升
B	良好	正常晋升
C	称职	延缓
D	不足	学习培训
E	不胜任	降低或辞退

（2）绩效结果反馈出的绩效缺失可以作为培训需求依据

通过管理者对员工的绩效反馈，可以判断出员工如果绩效做得不够好的原因是什么？比如是能力不足还是态度问题？如果能力不足，那么是知识、技能还是经验出了问题？如果是态度问题，是价值观、认知还是情感出了问题？

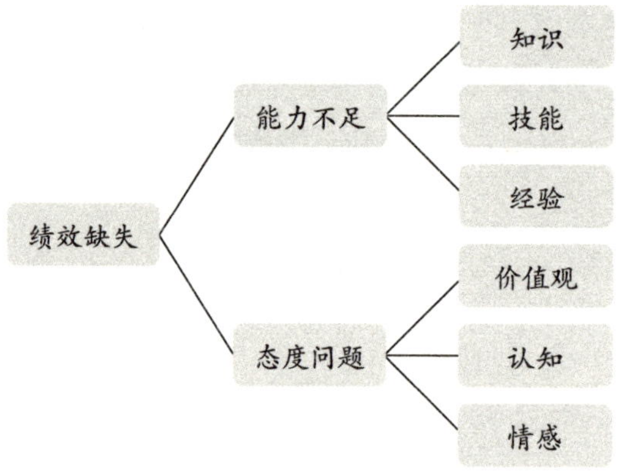

图 10–5　绩效缺失分类

绩效结果还可以运用到薪酬体系等方面，这里不再赘述。

四、战略性绩效管理

战略性绩效管理最大的特点就是绩效考核的指标来源于组织战略，它将从战略出发并且与岗位职责结合起来，所以战略性绩效管理如同企业的实现战略的作战地图，将实现战略目标所需要的指标层层分解到每个人身上去，每个人每天的工作都是绩效记录的过程，都是围绕着实现战略目标而产生，从而解决了个人绩效和组织绩效脱节的问题。个人绩效实现得越好，那么组织绩效自然也越好，也越容易达成战略目标。

所以当战略性绩效管理出现以后，企业战略就不仅仅是决策层这几个人的事情了，也不是简简单单放在纸上，挂在墙上的口号了。而是从董事长到每一个员工所有人共同的事情。

接下来看战略性绩效管理的种类。

1. 标杆基准法

标杆基准法是企业将自身的关键绩效行为，与那些在行业中领先的、最具影响力的或最具竞争力企业的关键绩效行为作为基准，进行深入全面的比较研究，探究这些基准企业的绩效形成的原因，在此基础上建立企业可持续发展的关键绩效标准，并提出改进员工绩效的具体程序，步骤和方法。

在这里要注意并不是要在同行业寻找标杆，而且即使找到了标杆，也不见得都是全盘复制。而是根据业务流程的不同，找出每一个环节的差距来进行对标。要有适合企业发展思考的过程，比如目前企业遇到的是成本管理的问题，那么就去找一个成本管理做得非常好的企业去对标，只要业务类型相似就可以。再比如企业要解决客户回头率低的问题，那么就去参考客户回头率的标杆。所有标杆不一定是同行业的，但一定是这个指标中做得比较好的。

2. 平衡计分卡

有人说作为企业战略就应该去追求销售额、利润这样的指标，这样推下来根据企业战略来进行层层分解还是蛮简单的。但真的是这样吗？

有些公司单纯为了财务指标的增长而忽略了其他的发展，比如为了追求利润而涸泽而渔，降低了客户满意度，最终客户也会离公司远去。有些公司在内部的管理成本上一再压缩，对员工更为苛刻，而且没有什么帮助员工成长的计划，久而久之，自己的员工跟不上时代的发展，优秀的人才逐步离开，最终也会影响到财务指标。

所以 90 年代初，哈佛商学院的罗伯特·卡普兰和复兴全球战略集团的创始人诺顿，对 12 家公司进行研究之后，做出了平衡计分卡。平衡计分卡被认为是企业可持续发展的最核心指标。

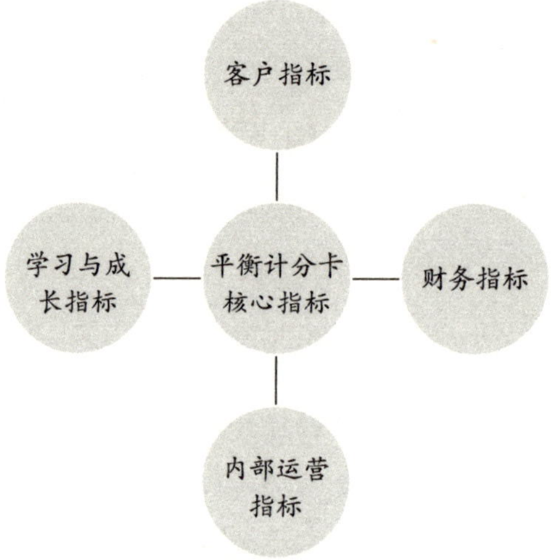

图 10–6　平衡计分卡的核心指标

平衡计分卡涉及四个指标，财务指标、内部运营指标、学习与成长指标和客户指标。在现代社会里，现代企业要想可持续发展，最核心的就是这四个指标。

表 10–3　平衡计分卡指标含义

指　标	含　义
财务指标	企业需要满足股东的要求
客户指标	客户是如何看待我们的
学习与成长指标	如何持续提高并创造价值
内部运营指标	控制与提高的方法

以上才是企业真正核心的指标，对以上几个指标的评价才真正反映企业是否健康良性的发展。

再将这些大的指标进行细化，如下表。

表 10–4　平衡计分卡指标细化

指　　标	细　　化
财务指标	收入增长、资产利用、成本降低
客户指标	市场份额、客户保留率、客户获取率
学习与成长指标	员工工作效率、培训达成率、员工满意度、员工离职率等
内部运营指标	企业创新能力、新产品开发时间、新产品销售占比

把这些指标分解到每一个部门，然后再进一步分解到每一个员工身上去。所以在平衡记分卡中，平衡体现的是财务指标和非财务指标的平衡，长期和短期的平衡。

可是平衡计分卡是万能的吗？是放之四海皆准的吗？也不一定。第一章讨论过，企业都有自己的发展阶段，有些企业还是生存阶段，还没有到这一步。不可能四个方面都面面俱到，怎么办？这就涉及下一个环节要讲的内容，关键绩效指标（KPI）。

3. 关键绩效指标（KPI）

什么是 KPI 呢？即以上述的四个大的指标为基础，结合企业目前的需要进行调整。例如，目前企业发展的初级阶段，更重视财务指标和客户指标，那么就以这两个大的指标为基础来做，而剩下的两个指标可以先放一放。根据企业的现状来调整出企业现阶段认为最重要的指标作为核心指标。这就是 KPI。K 就是 key（关键），P 就是 performance（绩效），I 就是 Indicator（指标）。

以上介绍的就是战略性绩效管理常用的三种方法。以上介绍的几种方法，它们的共同点是：

（1）以战略为导向。无论选择何种绩效管理的方法，都需要先把战略目标做出来，都是以战略为基点的。

（2）指标可衡量、量化，不能量化的尽可能行为化。如果做出的指标不能量化或者行为化，也就是说最后的考核似是而非，也就失去了考核的意义。

（3）指标的收集需要现代化的手段。这里指的是留痕，上文也提到绩效管理中会涉及绩效沟通，以及绩效考核中所进行评判是需要依据的。而这些依据从哪里来？显然，每一个指标，每一个细节都要领导者进行监督是不现实的，所以这就需要用现代化的手段辅助进行指标的收集，这样在评判以及沟通中才能做到有的放矢。

（4）要充分的沟通。在绩效管理中，信息的及时反馈是非常重要的。而且很多时候由于工作任务的复杂性，不仅仅是简简单单领导者对应下属的关系，而更多的涉及关联部门的支撑，所以充分的沟通就显得更加重要。

五、绩效管理TIPS

关于绩效管理，有很多还需要再进一步探讨，很多企业家、管理者是非常重视绩效管理的，甚至觉得是人力资源的第一要义，而试图用一种最科学的方法来解决一切问题。但是往往事半功倍，甚至以失败收场。究其原因，恰恰是因为不能因地制宜，循序渐进。

平衡计分卡好不好？当然好。但是如果整个组织中，没有一点绩效文化，大家都没有适应绩效的这种方式，就算是强行使用平衡记分卡，也注定以失败告终。笔者在做咨询项目时，甚至遇到很多公司的员工连基本的目标都写不清楚，这个时候就要做调整，做出适合公司发展阶段的绩效管理体系。

对于没有绩效管理体系经验的公司来说，不可避免地会经历形式大于内容，形式等于内容到形式小于内容的阶段。在形式大于内容的阶段，需要让员工能够逐步接受绩效文化，能够说清楚自己的工作内容，让自己的目标清晰、可考核，即使一开始完成得不好，从绩效打分上也不必太苛刻。等员工熟悉后，再慢慢地辅导让员工能够按照相应的流程完成相应的绩效管理体系工作，最后才能让绩效文化逐步融入企业文化中，到了这个阶段，公司自上到下都知道如何分解战略目标，如何去执行工作，如何通过绩效来观察自身的不足，改进工作，最终实现绩效目标。相信这些，才是企业家和管理者想要看到的场景吧。

第十一章

薪酬与激励管理

——平衡的艺术

本章来讨论可能所有人力资源工作者都比较头疼的模块，那就是薪酬激励，毕竟薪酬与每个人都息息相关。薪酬管理是企业调动员工积极性最有效、最主流的工具之一，也是最复杂，技术含量最高的模块。

一、薪酬与薪酬激励

随着社会经济的发展，人力资源已经不再像以前大工业时期或者科学管理时期，只是作为一个组织的手和脚来存在了，现在更多是做智力型的工作，所以作为企业方，可以付出薪酬来购买一个人的时间，将他固定在一个岗位上工作，但是不一定能买来效率，即使是体力劳动者，也不见得能买来热情和创造性，如果不去争取的话，企业是得不到员工的全身心投入的。这也正是说明了薪酬管理在企业发展中的重要性。

1. 员工激励管理的核心理念

现在要思考这样的问题，员工积极性高的表现是什么？如何才能真正激发员工的积极性？单纯靠高薪酬就能获得员工的积极性吗？

从管理理念上来说，员工的积极性得到了有效的提高，只有一个表现，那就是员工将企业当成家，处处为企业考虑，处处为企业着想。例如，企业提倡员工以企业为家，但是员工处处事不关己，高高挂起。企业让员工放开手脚，提合理化建议，而员工就一定畏首畏尾，就是不提。再比如，每个员工都有 KPI 考核，但是一旦超出了 KPI 考核之外的内容，员工一点也不做等。这些现象和行为都只能表明，企业员工的积极性没有得到充分的激发。企业运营和管理不能只有几个人操心，靠几个人的力量和精力是远远不够的，如果企业的管理变成所有人都操心，这才是真正的积极性的提高。

那么如何管理才能激发员工的积极性？从管理理念上说，要激发员工的积极性，提升员工的忠诚度，最有效的路径就是将员工的利益和企业的利益捆绑，让员工利益和企业利益紧密相关。而让员工利益和企业利益紧密捆绑，最有效的方案之一就是员工持股，员工持股的数量越多，员工的积极性越高。第二个方案则是给员工提供中长期报酬。第三个方案即完善薪酬支付方式，在薪酬激励中，很多情况并不是薪酬水平越高，员工积极性越高，在薪酬总额不变的情况下，改变薪酬的结构和支付方式，也可以大幅度提高员工的积极性。总之，无论公司的薪酬体系如何设计，都要遵循一个原则，就是尽可能提供只有在本企业任职才享有的报酬，也就是差异化。如果这种报酬别的企业也有，那就尽量让本企业的设计得更精妙，水平更高，支付方式更加人性化。

2. 报酬和薪酬体系全貌

（1）薪酬的范畴有哪些？报酬和薪酬是什么关系？

薪酬和报酬的关系可以用如下表格来进行区分。

表 11–1　薪酬和报酬的关系

	外在报酬	内在报酬
经济性报酬	直接报酬：基本工资、加班工资、津贴、奖金、利润分享、股票认购等。 间接报酬：健康与安全福利（企业年金）、非工作时间报酬及为员工提供的服务	无
非经济性报酬	私人秘书 良好的办公条件 头衔 良好的部门关系 领导的个人魅力 组织中的信息共享	参与决策、挑战性的工作、感兴趣的工作或任务、上级和同事的认可和内部地位、学习与进步的机会、丰富多彩的活动

从上表可以看出，报酬的范畴要大于薪酬，报酬可以分为内在报酬和外在报酬，经济性报酬和非经济性报酬。报酬中的外在报酬及经济性报酬往往

指的就是薪酬。薪酬的范畴又包括直接报酬和间接报酬两个部分。直接报酬就是以现金的形式支付和转账，支付的形式和名目包括基本工资、加班工资、津贴、奖金、利润分享、股票认购等。

间接报酬又称福利，往往以实物、保险等其他方式进行支付，名目包括健康安全福利、非工作时间报酬以及为员工提供的各种服务等。福利管理在第八章我们已经详细讨论了，在此不再赘述。所以薪酬的范畴大于福利。

（2）津贴和补贴是什么关系？

在薪酬支付的过程中，有两个概念可能比较容易混淆，就是津贴和补贴。但是津贴和补贴是一回事吗？这两者有什么差异呢？简单而言，津贴是指补偿职工在特殊条件下的劳动消耗及生活费额外支出的工资补充形式。常见的包括矿山井下津贴、高温津贴、野外矿工津贴、林区津贴、山区津贴、驻岛津贴、艰苦气象台站津贴、保健津贴、医疗卫生津贴等，此外，生活费补贴、价格补贴也属于津贴。

津贴有实物和货币两种具体的支付形式。在一般情况下，与额外劳动补偿有关的津贴支付货币，并构成辅助工资的一个组成部分，所以这也是要统计在个人所得税的税基范畴；与身体健康补偿有关的津贴有的采取实物的形式，有的采取货币的形式，以货币的形式居多。支付周期通常以出勤日累计，按月随工资支付。

而补贴属于生活性的补贴，如书报补贴、午餐补贴等，它属于福利范畴。一般不纳入个人所得税税基的范畴。

在报酬体系中，除了经济性报酬和外在报酬之外，还有非经济性报酬和内在报酬。非经济性报酬的内在报酬主要是指参与决策、挑战性的工作、感兴趣的工作或任务、上级和同事的认可和内部地位、学习与进步的机会、丰富多彩的活动等。不要忽视内在报酬，类似信任、认可、具有挑战性的工作等在员工工作中的激励作用。在相同的条件下，部门内部和谐、人际关系稳定、领导信任，很显然会对员工具有极大的吸引力。所以，内在激励往往是激励下属最有效的方式之一。部门负责人能够用以激励下属的不单单是物质激励这么一个简单的工具。

3. 薪酬中的具体模块组成

薪酬主要是指报酬中的经济性报酬。经济性报酬大致可以分成两大块，也就是直接报酬和间接报酬。这两个概念从字面上都很好理解，直接报酬就是直接以现金或转账的方式发放给员工的报酬，包括基础工资、岗位工资、绩效工资以及奖金等，最低工资要考虑当地的物价指数和最低工资，以及兼顾任职者的个人因素如学历、职称等。岗位工资则体现在不同的岗位对于薪酬的影响上，岗位责任、技能要求、工作环境和决策的影响范围的不同，自然岗位工资也不会一样。绩效工资要体现绩效因素对于工资的影响，如果绩效分个人绩效和部门绩效，则在薪酬体系上一定体现出任何一个因素的变化都会影响薪酬的水平，目的是推动员工把整体的薪酬水平提高。

间接报酬主要指的是以实物、带薪休假等非现金支付的报酬，比如班车、幼儿园、健身房等。在这里不再赘述。

二、薪酬体系管理

本节讨论薪酬体系管理的内容。薪酬体系是企业向员工支付报酬的基本依据，也体现了组织内部的价值观和实践方法。通过薪酬体系，向员工传递了什么是有价值的，具有非常重要的信号和导向作用。

1. 薪酬体系的内涵

影响企业薪酬体系设计和薪酬水平的因素众多，包括个人能力方面的因素，岗位层面的因素、企业层面的因素，甚至是宏观层面，如行业属性等，企业薪酬体系的设计往往要兼顾这些因素并遵循一定的设计原则。

薪酬体系要能体现保障、激励和调节三大职能。保障是指要能保障员工的基本生活，激励是指引导员工提升能力并激发能力。调节职能是指薪酬体系的设计要能够引导员工主动适应企业的岗位需要。

薪酬体系的设计要能体现劳动的三种形态：潜在劳动、流动劳动、凝结劳动。在薪酬体系的设计中，要根据不同职位类型的实际情况分别体现能力、行为或者过程工作结果对员工最终收入的影响。

薪酬体系的设计要能够保证人工成本控制有效。科学的薪酬体系设计必须保持弹性，在个人层面的因素、岗位层面的因素和企业的层面因素发生变化的时候，能够自动调节企业的薪酬比例和薪酬水平，降低企业的人工成本。

企业薪酬体系的决策主要是确定企业的基本薪酬以什么为基础，一般而言，企业往往以市场因素、职位因素、技能因素、绩效因素四大因素中的某一个来作为薪酬体系的基点，最终形成了在现实中比较常见的四大薪酬模式，即基于职位的薪酬体系、基于业绩的薪酬体系、基于市场的薪酬体系和基于能力的薪酬体系。

不同的薪酬体系有其不同的适应对象，具有不同的特点，同时也有各自的优点和缺点，实践中有些企业只选择用一种薪酬体系，也有些企业可能会同时采用两种或者三种体系的组合。如对于生产人员采用按照绩效付薪模式，对行政类岗位按照岗位付薪模式，对技术人员按照技能付薪模式。下面来一一梳理。

2. 按照职位的薪酬体系

基于职位的薪酬体系是对职位本身的价值进行客观评估，并根据评估结果赋予担任这一职位的员工与其职位价值相当薪资的工资制度。这种薪酬体系的基本理念是“对岗不对人”“按岗付酬”，从一方面来说，不同职位对知识技能有不同的要求，承担的责任大小也不一样。所以不同职位对企业的价值贡献大小也不一样；另一方面，在每个职位任职的员工，对企业的贡献和重要程度也不同，他们应当根据自己的工作来领取报酬。按职位付酬的主要特点是不按照员工的个人能力支付报酬。也就是上文所说对岗不对人，形式多种多样，比如岗位等级工资、岗位薪点工资、岗位效益工资等。但是不论是哪种工资形式，只要是按照职位付酬，那么职位价值方面的差异就应该成为导致工资差异的主导因素。这种模式虽然建立的过程相对烦琐，但是后续应用起来却比较简单，所以也成为世界范围内应用最广泛的薪酬模式之一。

岗位等级薪酬制就是岗位等级工资制，是指将岗位按照岗位价值评估的结果划分类别和级别，再进行排序，最终确定薪酬等级的薪酬制度。岗位等级的实现形式一般有两种，一种是一岗一薪制，另一种是一岗多薪制。在一岗一薪这种制度下，一个岗位只有一个薪酬标准，职责或任务类似的岗位之间不存在岗位工资的差异。在基本工资、绩效工资上面，可以存在一定的差异。这种模式严格遵循"同岗同酬"的原则。在"一岗多薪制"模式下，一个岗位内可能划分几个不同的薪酬标准，以反映岗位内部不同员工之间的岗位差别。一岗多薪制这种模式根据不同岗位之间的工资水平是否存在交叉，可以分为可变型模式和宽带薪酬模式。宽带薪酬模式是在可变型的基础上发展而来的，也就是说在同一个岗位内部，仍然设立不同档次的薪酬标准，但低级职位的高等级薪酬标准与相邻高职位的低等级薪酬标准有交叉。换句话说，即对职位有了不同的认识，比如一个技术工程师是个技术能手，但是把他提拔为管理层确实也勉为其难，如果他本身并不适合做管理者，反而限制了其发挥自身的能力。而宽带薪酬的模式就有了更多的可能，即使他不去做管理者，拿到的薪酬比做管理者拿到的薪酬更多，这样既让他有了继续前进的动力，又能够发挥他的最大能量。

表 11-2　一岗一薪制模板

岗　级（级）	岗位工资（元）	管理类	技术类
12	10000	总经理	
11	9000	副总	正高工程师
10	8000	总监	
9	7000	副总监	副高工程师
8	6000	部门经理	
7	5000	部门副经理	工程师
6	4500	主管	
5	4000	专员	技术员
4	3500		
3	3000		
2	2500		
1	2000		实习生

表 11-3 一岗多薪制模板

职等		薪酬水平		中层管理序列	职能序列
		薪酬等级（级）	基本月薪（元）		
A	1	30	15300	研究发展部经理	
		29	14450	研究发展部经理；计划财务部经理	
		28	13600	研究发展部经理；计划财务部经理；人力资源经理/法务审计经理	
	2	27	12800	研究发展部经理；计划财务部经理；人力资源经理/法务审计经理；办公室主任/党办主任	
		26	12000	研究发展部经理；计划财务部经理；人力资源经理/法务审计经理；办公室主任/党办主任；研发副经理/计财副经理/办公室副主任/统群专员（机关工会主席）	
		25	11250	研究发展部经理；计划财务部经理；人力资源经理/法务审计经理；办公室主任/党办主任；研发副经理/计财副经理/办公室副主任/统群专员（机关工会主席）	
		24	10500	研究发展部经理；计划财务部经理；人力资源经理/法务审计经理；办公室主任/党办主任；研发副经理/计财副经理/办公室副主任/统群专员（机关工会主席）	
		23	9850	研究发展部经理；计划财务部经理；人力资源经理/法务审计经理；办公室主任/党办主任；研发副经理/计财副经理/办公室副主任/统群专员（机关工会主席）	
		22	9200	计划财务部经理；人力资源经理/法务审计经理；办公室主任/党办主任；研发副经理/计财副经理/办公室副主任/统群专员（机关工会主席）	
	3	21	8550	人力资源经理/法务审计经理；办公室主任/党办主任；研发副经理/计财副经理/办公室副主任/统群专员（机关工会主席）	产业分析主管/运营管理主管/党宣专员（团委书记）
		20	7950	办公室主任/党办主任；研发副经理/计财副经理/办公室副主任/统群专员（机关工会主席）	产业分析主管/运营管理主管/党宣专员（团委书记）
		19	7400	研发副经理/计财副经理/办公室副主任/统群专员（机关工会主席）	产业分析主管/运营管理主管/党宣专员（团委书记）；资产主管/法务主管/审计主管
		18	6850		产业分析主管/运营管理主管/党宣专员（团委书记）；资产主管/法务主管/审计主管
B	1	17	6350		产业分析主管/运营管理主管/党宣专员（团委书记）；资产主管/法务主管/审计主管；招聘培训主管/薪酬绩效主管/品牌企划主管
		16	5850		资产主管/法务主管/审计主管；招聘培训主管/薪酬绩效主管/品牌企划主管
		15	5400		资产主管/法务主管/审计主管；招聘培训主管/薪酬绩效主管/品牌企划主管；网络及计算机主管/文字秘书
		14	5000		招聘培训主管/薪酬绩效主管/品牌企划主管；网络及计算机主管/文字秘书
		13	4600		招聘培训主管/薪酬绩效主管/品牌企划主管；网络及计算机主管/文字秘书
		12	4250		网络及计算机主管/文字秘书
	2	11	3900		网络及计算机主管/文字秘书；投资专员/信息分析专员/财务会计
		10	3600		投资专员/信息分析专员/财务会计
		9	3350		投资专员/信息分析专员/财务会计；社保专员/档案及机要文秘
		8	3100		投资专员/信息分析专员/财务会计；社保专员/档案及机要文秘
		7	2900		投资专员/信息分析专员/财务会计；社保专员/档案及机要文秘
C	1	6	2700		社保专员/档案及机要文秘；出纳/行政专员
		5	2500		社保专员/档案及机要文秘；出纳/行政专员；司机/后勤
		4	2300		出纳/行政专员；司机/后勤
		3	2100		出纳/行政专员；司机/后勤
		2	1900		出纳/行政专员；司机/后勤
		1	1750		司机/后勤

岗位薪点制则是按照岗位的薪酬体系的另外一种形式，是一种通过采用比较科学合理的“点数”，对岗位价值进行评价，按照每个岗位的岗位因素确定每个岗位的基本薪点数，并依据员工个体业绩、部门业绩、企业业绩最终来确定薪点值和收入水平的一种弹性工资分配制度。岗位薪点制的核心原则就是要坚持以岗位为主确定薪点数，以绩效考核增减薪点数，以企业经济效益好坏核定工资总额，以结算工资总额确定薪点值。

3. 按照绩效的薪酬体系

除了上述所讲的按照岗位的薪酬体系，还有按绩效付酬的薪酬体系模式。按绩效付酬的薪酬体系模式是指员工的薪酬按照个人或者团队绩效目标的实际完成状况确定薪酬的一种薪酬设计。最大的特点就是在绩效和薪酬之间建立了一种直接联系。而这里的绩效不能只狭隘地理解为员工绩效，它既可以是员工个人的绩效，也可以是某个部门、某个团队，甚至是公司的绩效。

随着市场竞争的激烈，按照绩效来付酬的方式越来越显著，因为按照绩效适应的职位比较复杂，很难用一个模式来说明设计的方法。例如，生产类职位可以采用个人薪酬与个人生产的产品的数量和质量直接挂钩的计件薪酬制，而销售部门则可以按照直接用销售额的一定比例确认销售人员薪酬的销售提成制。企业高层管理人员可以采用以年度为考核周期，把经营者薪酬的多少与企业经营业绩和承担的责任风险相挂钩的风险年薪制。

下面以销售人员的提成制主要模式来简单探讨。在实例中，销售人员的销售提成主要有三种。

- 恒定的提成比例法

也就是不设定销售基数，不管业务员的业绩如何都按照某个事先确定的比例来进行提成。

- 设定销售合同基数，递增的提成比例法

在这种模式下，对销售人员设定年度销售合同基数，超过合同基数的进行重奖，对提成比例可以有相应的提高。

- 设定销售合同基数，递减的提成比例法

在这种模式下，业务人员在年初自己先预设一个销售合同基数，经双方确认后，超出这个数字后，比例递减。这种模式的核心是引导业务员在年度制定相对合理的销售合同基数，避免瞒报、少报销售标准。

4. 按照供求模式的薪酬体系

按照供求模式付薪酬就是协商薪酬制或谈判薪酬制。主要是指劳动者为一方，用人单位为另一方。通过直接协商或谈判的方式，来确定员工薪酬待遇的一种工资制度。按照供求模式付酬一般分为两种模式。

• 对企业急需高素质人才的“协商薪酬”制；

• 对企业中对技能要求不高的后勤类岗位的“协商薪酬”制。

在实例中，如果这类员工和公司原有的薪酬体系不符合，那么通常设立工资特区的方式来实施按照供求形式付酬的薪酬体系。向那些对企业有特殊贡献，并在市场上特别稀缺的高级人才倾斜。企业设立工资特区的原则主要包括四个方面：

• 谈判原则

要以人才市场价格为基础，双方谈判确定最终的薪酬待遇。

• 保密原则

对工资特区的人员及其工资水平严格保密，禁止员工之间相互打听。

• 限额原则

工资特区里高级人才的数目应该动态管理，不能随意进入，要宁缺毋滥，否则标准一再降低，大家都进了特区，这个薪酬体系也就是名存实亡了。一般特区里面的工资总额一般不要超过整个公司总额的 10%。

• 考核原则

实施谈判工资或者是协商工资制的人员，要拿出协商工资或者谈判工资额的一定比例，如 30%。如果完成相关任务，则可以正常支付薪酬。如果相关任务没有完成，则可以做相应的扣减。

5. 基于能力的薪酬体系

能力也叫胜任力，是指任职者胜任其职位所需要掌握的知识、技术，及所需要具备的心理、行为等方面的特征或特点。于此相对应，能力薪酬制就是找出胜任某一个职位所必需的能力要素，然后根据这种要素来对员工进行付薪的一种方式。再用上文中的销售人员来举例子。一家商业公司的销售人员，销售业绩非常出色，公司就可以研究确定究竟是什么样的因素才能使得销售人员如此出色。找到了这样成功的要素，就把这些要素归为能力一类，然后根据各位销售人员在这些能力上的多和少的证明来给予他们的工资。能力薪酬制是近年来越来越多的企业重视的一种薪酬模式。这种模式与第一种也就是按照岗位的薪酬体系是截然相反的，按照岗位的薪酬模式是“对岗不对人”，而能力薪酬制的模式是“对人不对岗”。企业往往根据员工所拥有的相关技能而不是所承担的具体工作和职位的价值来支付报酬。员工薪酬水平的高低主要取决于个体技能的增减或者已有技能的完善。

按照能力的薪酬体系在实例中有多种变换形式，包括像技术等级工资制，岗位技能工资、能力资格工资，其中技术等级工资制的定义比较成熟，是一种主要依据技术的复杂程度以及劳动熟练程度划分等级和规定相应的工资标准，然后根据员工所达到的技术水平评定技术等级。

技术等级工资制一般适合于技术复杂程度高，工人劳动熟练程度差别大，分工较粗和工作物不稳定的工作和岗位，在实例中，技术等级工资制度的薪酬主要由工资登记表、工资标准表和技术等级标准构成。

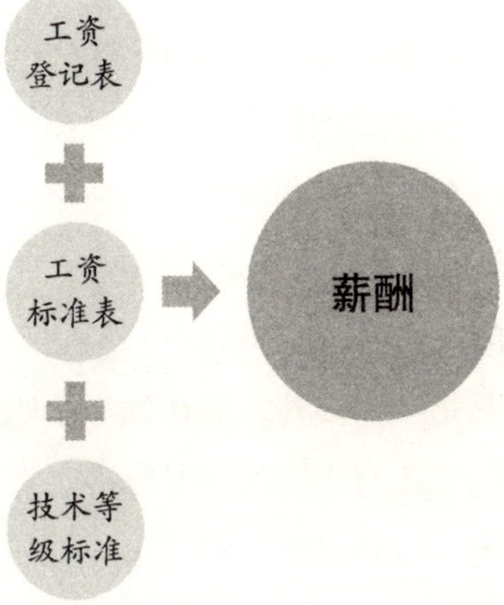

图 11-1 技术等级工资制度的薪酬构成

三、薪酬结构设计与管理

1. 薪酬结构的内涵

薪酬结构的内涵有多个观点。其中之一即薪酬结构是指薪酬的构成以及薪酬内部基本工资、岗位工资、绩效工资、奖金、福利等模块的数量以及模块间的比例关系。如固定工资和浮动工资按一种什么样的比例，也即通常所说的高稳定模式、高弹性模式还是折中模式。另一种观点认为薪酬结构是指薪酬的差距，在实例中主要是指在企业内部的不同职位或不同技能之间的工资率所做的安排，包括不同层次工作之间报酬差异的相对比值和绝对水平。这种通常强调职位或者技能等级的数量，不同岗位和技能等级之间的薪酬差距，以及用来确定这些差距的标准是什么。现就后一种观点来进行进一步的探讨。

2. 薪酬结构的类型

组织中薪酬结构通常有三种类型，即单一型薪酬结构、可变型薪酬结构和涵盖型薪酬结构。

（1）单一型薪酬结构

单一型的薪酬结构是一职一薪，即每个岗位只有一个对应的薪酬标准。员工只有在调整职位的时候才能调整薪酬。这种模式下员工的薪酬晋升空间有限，对于这种简单划一的工资结构所存在的缺陷，企业在具体的薪酬管理中可以采用奖金、津贴等方法加以补偿。

（2）可变型薪酬结构

可变型的薪酬结构是指一岗多薪，即在每一个职位等级内设置若干个薪酬标准，允许同一职位的员工有不同的薪酬标准。实施职务工资制的组织大多数都采用这种薪酬结构。这种薪酬结构同单一型的薪酬结构相比，有以下两个优点。首先，这种薪酬结构具有一定的灵活性，组织可以根据外部劳动力市场的变化对组织内部某个职务的工资进行灵活调整，比如为了吸引人才，组织可以选择其与某个职务等级内较高级别的工资待遇相对应；其次，具有一定的激励性。在同一职务等级内不同的工资级别，可以对绩效好坏的员工加以区分对待，这可以成为对人力资源进行长期管理的有效手段。

（3）涵盖型薪酬结构

涵盖型薪酬结构是指在同一职务内部，仍设立不同档的薪酬标准，但低级职务的高等级薪酬标准与相邻高职务的低等级薪酬标准间适当交叉。这种模式从本质上说是宽带薪酬结构的一种。这种薪酬结构能够使得处在不同职位，但是职责履行程度的差异不大的岗位之间的薪酬差距不至于过分悬殊。

有利于更加开放地使用人才。但是需要注意的是，不同职位之间的工资标准不宜交叉太大，这样很容易造成趋中的平均主义。

3. 薪酬结构的设计原理

完整的薪酬设计一般包含三项内容，一是薪酬的等级数量；二是同一薪酬等级内部的薪酬变化范围，也就是通常所说的薪酬区间和薪酬变动比率；三是相邻两个薪酬等级之间的交叉与重叠。

（1）薪酬的等级数量设计

薪酬的等级数量是指根据工作的复杂程度和责任大小，将员工的薪酬进行等级划分，不同的等级应体现出工作要求的差异，薪酬等级是在工作分析和职位评价的基础上建立起来的，它将岗位价值相近的岗位归入同一个薪酬等级并采取一致的管理办法来处理该等级内的薪酬管理问题。一般情况下，企业内的岗位类型越多，那么薪酬等级的数量也就越多。

设计较多的工资等级要求明确区分每个等级的工作能力，操作起来难度较大，有时候很难区分得很细致，或者说很难界定等级的标准；而工资等级太少则无法体现出有关薪酬的显著差异。

对于上文所提到的三种类型的薪酬结构中，单一型薪酬结构中，薪酬等级数量较多；可变型薪酬结构中，薪酬等级数量减少，薪档增加；而对于涵盖型的薪酬结构中，薪酬等级的数量不变，薪档大幅度增加。

（2）薪酬区间与薪酬变动比率

薪酬区间是指在某一薪酬等级内部薪酬水平变动的最大幅度，也就是最高薪酬水平与最低薪酬水平之间的绝对差距问题。而薪酬变动比率是指在同一薪酬等级内部的最高薪酬水平与最低薪酬水平之差与最低水平的比率。

实践中，岗位间薪酬变动比率大小一般取决于以下因素：

特定职位所需要的技能水平。一般而言，所需技能水平较低的职位，薪酬变动比率会小一些。而所需技能水平较高的职位，所对应的薪酬变动比率就会大一些。例如，管理类岗位和生产线上的岗位相比，薪酬变动比率就会大很多。

处在较低的薪酬等级的员工，可以通过薪酬等级的提升来提高自己的薪酬水平，而那些已经处于较高薪酬等级的员工，只能通过提高薪酬变动比率来提升他们的薪酬水平。在实际运用中，不同薪酬等级的薪酬变动比例可以有所差距。

（3）组织内相邻两个薪酬等级之间的交叉与重叠

薪酬区间交叉与重叠取决于两个因素，一是薪酬等级内部的区间变动比率，二是薪酬等级的区间中值之间的级差。

薪酬中值是指某个薪酬等级中的职位在外部劳动力市场上的平均薪酬水平。薪酬中值级差是指不同薪酬等级的区间中值的等级差异。在某个薪酬结构中，如果薪酬之间等级差距太小，则不能体现薪酬分配的激励性原则，会影响员工的积极性。但是中位值差距太大可能会造成员工的不团结，也可能会使得薪酬成本超过企业的支付能力。薪酬中值级差反映了岗位之间的差别。岗位之间的劳动差别越大，工作价值差别也越大，则薪酬级差差距也越大，所以在高级别岗位，比如副总经理与部门总经理之间的薪酬级差要比在中级别岗位如经理和主管之间的级差要大一些。另外，对于在最高等级的薪酬中值与最低等级的薪酬中值固定的情形下，中值级差越大，薪酬等级的数目越少。在实践中，薪酬区间的薪酬变动比率和薪酬区间的中值级差直接决定了宽带薪酬中的不同薪酬等级的重叠幅度。薪酬等级的重叠幅度一般出现在宽带薪酬模式下，主要是指除了最高薪酬等级的最高薪酬水平与最低薪酬等级的最低薪酬水平之外，其他各相邻薪酬等级的较高值与较低值中间会有一定的交叉与重叠区域。

工资等级间的交叉使得较低岗位等级上的优秀员工可以凭借较高的业绩获得相当于更高等级岗位的工资，薪酬区间的重叠区域的大小取决于区间中值级差的大小以及同一薪酬等级的薪酬变动比率。区间中值级差越大，薪酬变动比率越小，则薪酬区间的重叠区域就越小，反之薪酬区间的重叠区域越大。

现在的组织发展越发扁平化，薪酬区间的叠幅可以避免因晋升机会不足而导致的薪酬增长限制，同时也能给晋升者以更大的薪酬增长空间。

四、薪酬水平管理

1. 薪酬水平的决策类型

薪酬水平是指一个组织实际支付给员工正常工作时候的报酬，包括经济性报酬和非经济性报酬。从狭义的角度也可以理解为薪酬水平就是工资率，即基本的劳动力价格，是支付员工在正常工作所赚取的经济性报酬。一般来说薪酬水平是用来衡量不同组织之间薪酬支付能力的强弱，薪酬水平决定了企业薪酬的外部竞争力，也是企业吸引留住人才的重要砝码，直接制约了企业在人才市场上所能够获取的人才素质的高低，因此通常将一个企业薪酬水平的高低以及由此产生的企业在劳动力市场中的竞争能力称为薪酬竞争力。

实践中企业薪酬水平决策类型分为“市场领先型”“市场跟随型”“市场滞后型”和“综合型”四种类型。

（1）市场领先型薪酬策略

市场领先型薪酬策略又被称为“政策薪酬领袖政策”“领袖型薪酬策略”，采取本组织的薪酬水平高于竞争对手或市场的薪酬水平的策略。这种薪酬策略以高薪为代价，在吸引和留住员工方面都具有明显优势，并且将员工对薪酬的不满降到一个相当低的程度。

高水平的薪酬往往能够很快为企业吸引大批可供选择的求职者，因此，高薪一方面有利于企业在较短时间内获得大量需要的人才，解决比较紧急的人员需求，另一方面还使得企业可以提高他们的招募标准，从而提高自己所能够招募到和雇用到的员工的质量。

高薪还能减少企业在员工甄选方面所支出的费用，这是因为求职者通常清楚，较高的薪水往往意味着企业对员工的能力有较高要求，或者是未来工作的压力会比较大，因此，那些低素质的和达不到任职资格要求的求职者往往会通过自我选择而避免选择这种支付较高薪酬的企业。这样，企业在甄选方面所需要花费的人力、物力就可以相应减少。

较高的薪酬水平提高了员工离职的机会成本，有助于改进员工的工作绩效（努力工作以防止被解雇），从而降低员工的离职率以及减少对员工的工作过程进行监督而产生的费用。

较高的薪酬水平使得企业不必跟随市场水平经常性地为员工加薪，从而节省薪酬管理的成本。

较高的薪酬有利于减少因为薪酬问题引起的劳动纠纷，同时有利于提高公司的形象和知名度。

不过，充当薪酬领袖的企业往往都有很大的管理压力，这是因为，企业支付较高的薪酬雇用了大批有能力的员工，但是，企业如果不能通过工作的组织与设计以及对员工的管理实现较高水平的利润，即将高投入转化为高回报，那么高薪给企业带来的就不是资本，而是一种负担了。

企业采取领先型薪酬策略一般有三种情况：

- 企业具有雄厚的实力，通过高薪吸引和留住优秀人才，保持人员稳定，并且高薪有利于树立企业形象。
- 企业急需某类人才，也许企业并不具备一些大公司所具备的优势，但又非常需要引进和利用一些高级人才，此时便以高薪为代价与大企业竞争。
- 工作可能具有某些明显劣势，如工作地点偏远、办公环境恶劣、责任重大、风险高等，很少有人愿意从事该工作，此时便支付高薪作为一种补偿。

（2）市场跟随型薪酬策略

市场跟随型薪酬策略也称为“市场追随政策”“市场匹配政策”，力图使本组织的薪酬成本接近竞争对手的薪酬成本，使本组织吸纳员工的能力接近竞争对手吸纳员工的能力。市场跟随型薪酬策略是企业最常用的策略。

采用市场跟随型薪酬策略主要是由于：

- 薪酬水平低于竞争对手，会令组织内员工不满；
- 薪酬水平低会影响组织的招聘；
- 支付市场薪酬水平是管理的责任。

基于以上三点原因，很多企业都愿意采取跟随策略，一方面不会因薪酬水平过低而吸引不到员工、留不住员工，另一方面也不用支付过高的薪酬水平而增加成本。

大多数企业采取市场跟随型薪酬策略是一个必然结果，假设其他条件完全相同，如果企业的薪酬水平略高于竞争对手，则可以吸引到企业所需要的员工。如果这种员工是稀缺的，那其他企业为了争夺，也会提高薪酬水平。如果每个企业都在不断地竞争，势必相互不断地提高薪酬水平，直至毫无利润可言。这种情况往往两败俱伤，是任何企业都不愿看到的结果。因此，保持一个大家都认可的薪酬水平是明智之举。市场跟随型薪酬策略根据竞争对手或市场的薪酬水平，制定本组织的薪酬水平，保持在一个基本一致的程度。

（3）市场滞后型薪酬策略

市场滞后型薪酬策略又称为“成本导向策略”“落后薪酬水平策略”或“拖后型薪酬政策”，采取本组织的薪酬水平低于竞争对手或市场薪酬水平的策略。

采用市场滞后型薪酬策略的企业，大多处于竞争性的产品市场上，边际利润率比较低，成本承受能力很弱。受产品市场上较低的利润率所限制，没有能力为员工提供高水平的薪酬，是企业实施市场滞后型薪酬策略的一个主要原因。当然，有些时候，市场滞后型薪酬策略的实施者并非真的没有支付能力，而是没有支付意愿的问题。

采用滞后型薪酬策略要注意几点：

- 不可将其作为长期策略，否则无法留住员工；
- 要有其他优势来弥补低薪的劣势；
- 以未来更高的收入作为期望目标。

市场滞后型薪酬策略具有很高的风险，很可能招不到人，还会引起员工频繁跳槽。但是也有不少企业采用这种市场滞后型策略，主要原因是当前的资金不充裕。这种策略也并非完全不可取，它可以作为一种过渡策略，帮助企业快速成长或渡过难关。

优秀的薪酬管理者，可以从其他方面来弥补低薪的劣势，如提供具有挑战性的工作、赋予较大的权力、营造和谐共进的氛围、提供较多的培训等，应聘者和员工可能会因这些原因而愿意与企业共同成长。但是，长期的低薪一定会挫伤员工的积极性，毕竟薪酬才能满足更多的需求。因此，采用这一策略的企业，往往会用将来更具诱惑力的薪酬来留住员工，比如承诺将来工资提高到更高的水平，或是向员工发放股票等。人们可能为了将来更高的收入，而容忍当前较低的收入，所以“市场滞后型”薪酬策略可以作为一种暂时性的策略。

例如，在信息以及其他一些高科技企业中，一些企业支付给员工的基本薪酬可能会低于市场水平，但是员工却可以获得企业的股票或者是股票期权，这种将市场滞后型的基本薪酬策略和未来的较高收入结合在一起的薪酬组合不但不会影响企业的员工招募和保留能力，反而有助于增强员工的工作积极性和责任感。此外，这种薪酬策略还可以通过与富有挑战性的工作、理想的工作地点、良好的同事关系等其他因素相结合而得到适当的弥补。

（4）综合型薪酬策略

综合型薪酬策略又称混合型薪酬策略，是指企业在确定薪酬水平时，是根据职位的类型或者员工的类型来分别制定不同的薪酬水平决策，而不是对所有的职位和员工均采用相同的薪酬水平定位。例如，有些公司针对不同的职位族使用不同的薪酬决策，对核心职位族采取市场领先型薪酬策略，而在其他职位族中实行“市场跟随型”或“市场滞后型”的基本薪酬策略。

进而言之，对企业里的关键人员如高级管理人员、技术人员，提供高于市场水平的薪酬，对普通员工实施匹配型的薪酬政策，对那些在劳动力市场上随时可以找到替代者的员工提供低于市场价格的薪酬。此外，有些公司还在不同的薪酬构成部分之间实行不同的薪酬政策。例如，在总薪酬的市场价值方面处于高于市场的竞争性地位，在基本薪酬方面处于稍微低一点的拖后地位，同时在激励性薪酬方面则处于比平均水平高很多的领先地位。

举例来说，某公司可能会制订这样一项新的薪酬方案，员工的基本薪酬水平较市场上的平均薪酬水平降低 3%，但是如果员工所在部门的经营利润超过了某一目标，那么他们就有机会得到最高相当于一个月工资的奖金。这样，尽管这家公司的基本薪酬水平比市场水平偏低，但是在经营绩效较好的情况下，考虑到奖金的增加，该公司的薪酬水平实际上还是稍微领先于市场的。目的在于鼓励员工注意企业的经营绩效，并激励他们提高生产率。同时，它还向本公司潜在的求职者发出了一个信号，即公司希望员工能够将工作完成得更好，并且能够承担一定的风险。

综合型薪酬策略同时采用两种或两种以上策略。企业综合每种策略优劣，根据具体情况灵活适用。

综合型薪酬策略最大的优点就是其灵活性和针对性，对于劳动力市场上的稀缺人才以及企业希望长期保留的关键职位上的人采取薪酬领袖政策，对于劳动力市场上的富余劳动力以及鼓励流动的低级职位上的员工采取市场匹配政策甚至拖后政策，既有利于公司保持自己在劳动力市场上的竞争力，同时又有利于合理控制公司的薪酬成本开支。

此外，通过对企业薪酬构成中的不同组成部分采取不同的市场定位战略，还有利于公司传递自己的价值观以及实现自己的经营目标。

2. 如何根据市场薪酬调查结果来确定企业的薪酬水平?

市场薪酬调查是指企业通过合法手段搜集同行业相关岗位的薪酬水平信息并依此来判断企业薪酬支付水平的高低。企业通过薪酬调查，了解其内部薪酬水平在市场上的相对位置，弥补由于人才市场信息不对称造成的损失。市场薪酬调查的主体一般有三类，一是国家行业主管部门，二是企业自身开展行业对手的薪酬水平调查，三是社会专业咨询调查机构。

市场薪酬调查的范围一般有以下三个方面：

（1）区域相关

指在同一区域展开的薪酬调查，主要针对一些职能岗位，调查范围为管理模式、企业规模等类型差不多的企业。

（2）行业相关

薪酬调查要行业相关，要在同行业进行薪酬调查，毕竟不同行业的薪酬水平的差距还是较为明显的，尤其是一些已经处于夕阳的行业和高科技行业相比差异更加巨大。而人才竞争更多的还是在同行业展开，所以了解同行业的薪酬水平是制定本企业薪酬水平的基础。

（3）目标市场相关

薪酬调查要目标市场相关，是指经营目标相似，人才需求结构相似的人才需求市场，了解相关目标市场上的薪酬状况对于本企业关键人才的报酬至关重要。

3. 市场薪酬调查的内容包括哪些？

市场薪酬调查的内容主要包括基本薪酬、年度奖金、股票期权以及各种福利计划等，在完成市场薪酬调查数据之后，对数据进行统计分析。薪酬数据统计分析方法通常有以下三种：一是频率分析；二是中心趋势分析；三是离散分析。

频率分析是指将调查所得到的每一个岗位相对应的薪酬数据从高到低进行排列，观察落入每一个薪酬范围的企业数量，数量越多的越接近目前薪酬市场水平。

中心趋势分析可以分为"简单平均数法""加权平均数法"和"中位值法"三种数据分析方法。其中"简单平均数法"使用起来比较简单，但是偶尔出现的极端值可能破坏结果的准确性。而"加权平均数法"首先将不同企业的薪酬数据设置不同的权重，权重的大小则取决于每一个企业在同一种位置上工作的员工人数，因此规模不同的企业实际支付的薪酬状况会对最终的调查结果产生不同的影响，这种方法比"简单平均数法"要相对科学一些，而且这种通过加权方法得出的数据比较接近人才市场的真实状况。

"中位值法"是将数据进行升序或降序排列，然后取中间位置上的那个数值，这种分析方法可以避免"简单平均数法"中极端值影响结果的情况。

离散分析的方法一般有两种，即"四分位"分析法和"百分位"分析法。"百分位"分析法将某职位所有薪酬调查数据按照从低到高的顺序排列，并利用百分位来表示特定企业薪酬水平在全部薪酬调查数据中的相对位置。这里的百分位所代表的是有百分之多少企业的薪酬水平是低于位于该百分位上的企业的薪酬水平。如果某企业在薪酬水平方面处于市场的第 70 个百分位，这就意味着有 70%的企业的薪酬水平都要比其低。在百分位中，第 50 个百分位是薪酬的中位值。这种薪酬分析方法在薪酬数据分析中最常用，它可以使企业明确该企业的薪酬水平在人才市场的位置。常见的分析数据包括十分位（P10）、二十五分位（P25）、五十分位（P50）、七十五分位（P75）和九十分位（P90）。

"四分位"分析法原理与"百分位"分析法原理类似，是在将薪酬调查数据从低到高的顺序排列后，平均划分为 4 组，而百分位法是划分为 10 组。处在第二组的最后一个数据就是所有数据的中位值，它也可以近似地表示当前市场的平均薪酬水平。

4. 如何进行薪酬成本控制？

在企业的运营成本中，薪酬成本占了一个重要的比例，特别是那些高科技企业或者是服务类的企业，薪酬成本更是占了非常大的比例，对企业实现利润至关重要。薪酬预算是薪酬成本控制的前提。薪酬预算是企业在预算期内，综合考虑各个方面的因素，估计出可用于人工成本费用资金的过程。薪酬预算由所有与雇佣直接相关联的成本所构成，是一个总数的概念，表示必须向企业工作的人支付的总金额。

薪酬预算方法有两种类型。一种是“自上而下”法；另一种是“自下而上”法。“自上而下”法是指企业的高层管理者对公司的总体业绩进行预测，在对下一年的经营活动进行评估之后形成收入和成本的方案，然后确定企业所能够承受的新的薪酬总额，并按照一定比例分配给各个部门，最后各个部门负责人把上级分配的薪酬额度分配给每个员工。

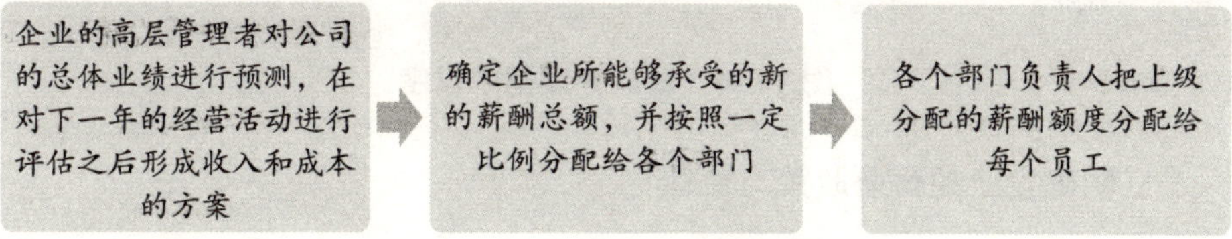

图 11-2　“自上而下”薪酬预算方法

“自下而上”法是指部门管理者根据部门内每位员工的实际情况，做出下一年的薪酬预算估计数，将各部门数据汇总，最后由财务部门编制出企业整体薪酬预算方案。

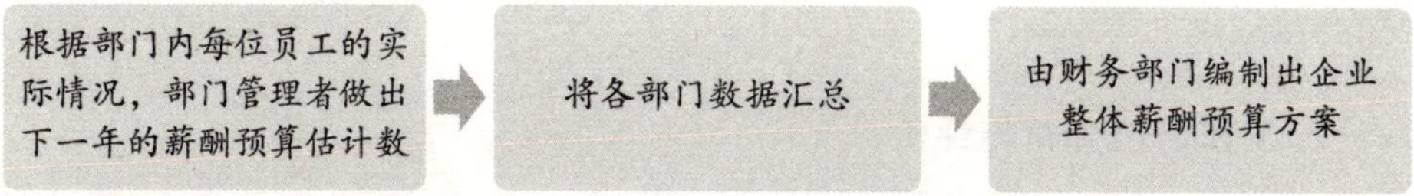

图 11-3　“自下而上”薪酬预算方法

两种薪酬预算方案各有利弊，企业往往将它们结合起来使用。例如，可以首先确定各部门的薪酬预算总额，然后预测部门内员工的增薪幅度，并确保其能配合部门的薪酬预算数，如果两个数据差距很大，要找出问题重新编制，最终保证预算的准确性。

在实践中，薪酬支出是企业人工成本的重要组成部分。因此，企业可以先依据一定的指标，确定企业的人工成本总额，然后再确定薪酬总额。

五、企业薪酬管理的基本程序

企业的薪酬管理与许多因素相关。例如，企业的薪酬原则和策略、地区及行业的薪酬水平、企业的竞争力、支付能力等都将对薪酬制度的设计与管理产生重要的影响。因此，企业薪酬管理是依据一系列的科学化原则，按照一定的步骤，分成以下六个基本环节完成的，每个环节环环相扣，每个环节都将对企业薪酬管理的结果产生直接的影响。

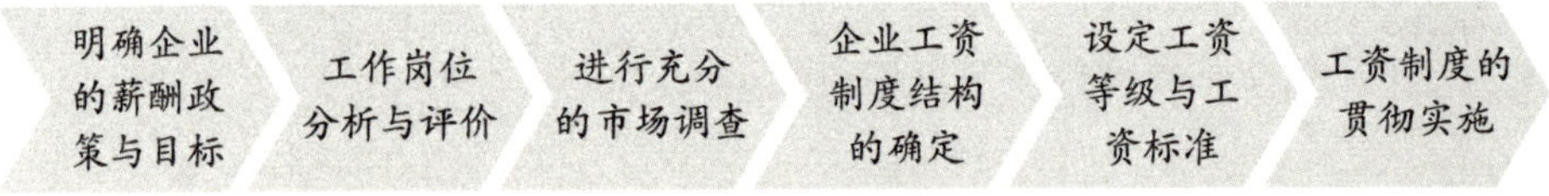

图 11-4　薪酬管理基本程序

1. 明确企业的薪酬政策与目标

对企业的薪酬管理来说，首先要明确企业的薪酬政策与目标，提出企业的薪酬策略和薪资制度的基本原则，即应当明确企业是采用高薪资或低薪资政策，还是依照市场上人力资源的平均价位，将本企业员工的薪资控制在一般水平上。企业薪酬政策必须与企业的总体人力资源策略相匹配，保持一致性。

2. 工作岗位分析与评价

工作岗位分析与评价，是制定科学合理的工资制度的前提和依据。通过工作岗位分析与评价，能够明确岗位的工作性质、所承担责任的大小、劳动强度的大小、工作环境的优劣以及劳动者所应具备的工作经验、专业技能、学识、身体条件等方面的具体要求。同时，根据工作岗位分析所采集的数据和资料，采用系统科学的方法，对企业内各个层次和职级的工作岗位的相对价值做出客观的评价，并依据岗位评价的结果，按照各个岗位价值的重要性由高至低进行排列，以此作为确定企业基本工资制度的依据。

工作岗位评价的目的在于明确每个岗位的相对价值，根据对岗位系统科学的评价，确定各岗位的工资等级。

3. 进行充分的市场调查

不同地区、行业和不同类型企业的薪酬调查的目的在于，通过必要的市场调查，充分了解和掌握企业外部的各种薪酬影响因素，包括劳动力市场上人才竞争与供给状况、各行业的薪资水平以及其他企业所设立的薪酬福利保险项目等，以确保企业的薪酬制度对外具有一定的竞争性，对内具有一定的公平性。

实际上影响薪酬的因素有很多，其中主要的内在因素有：劳动差别因素、工资形式、企业经济效益、报酬政策；主要的外在因素有：相关的劳动法规、劳动力市场、物价、工会、社会保障水平和经济发展状况等。对于影响薪酬的外在因素，企业大多表现得无能为力，但是它们对企业薪酬策略实施效果的影响是很大的，尤其是劳动力市场、同行业的薪酬水平、地区物价生活指数等。因此，定期开展对地区、行业、不同类型企业的薪酬调查是十分必要的。

4. 企业工资制度结构的确定

根据工作岗位分析与评价和薪酬调查的结果，以及企业的实际情况，可以确定本企业各级员工的工资结构，规划各个职级的工资幅度、起薪点和顶薪点等关键性指标。也就是说，根据工作岗位评价后得到的各岗位之间的相对价值，将其转换成具体的工资数额，明确各岗位的相对价值与实付工资对应的数值关系，通常这种关系用“工资结构线”来表示。

显然，工资结构线越陡，各等级之间工资差距越大，表示企业对于贡献价值不同的岗位，采用的是拉大企业工资差距的薪酬策略。

5. 设定工资等级与工资标准

将众多类型的岗位工资归并组合成若干等级，形成一个工资等级系列，确定企业内各岗位的具体工资范围。一般来说，各个等级的工资范围，变化幅度不一定相同，属于不同工资等级岗位的实付工资可能相同，属于同一工资等级的岗位，其实付工资可能不同。

6. 工资制度的贯彻实施

在工资制度确定以后，应当完成以下工作，才能保证企业员工工资制度得以贯彻实施：

（1）建立工作标准与工资的计算方式。

依据工作岗位分析和过去的原始记录，制定工作标准，明确具体的工作流程和程序，以及作业的数量与质量要求，而这些标准和要求应当是公平合理的。同时，必须向员工解释说明工资的具体计算方法和结算方式。

（2）建立员工绩效管理体系，对全员进行工作业绩的动态考评。

员工绩效管理制度是建立员工激励制度的前提和基础，也是贯彻执行企业工资制度的基本保障。

（3）通过有效的激励机制和薪酬计划，对表现突出的优秀员工进行必要的表彰和物质鼓励，以鞭策员工对企业作出更多更大的贡献。

员工的福利计划，以及必要的服务、保障措施是为了最大限度地调动员工的生产积极性和创造性而设立的制度，这些福利性项目是企业工资制度的重要补充，有了这些项目，才能使工资制度的组合更加完美。

在完成上述各项工作，贯彻落实企业既定的薪酬政策的同时，企业的人力资源部门还需要认真地统计记录各种相关数据资料，提出薪酬的预算方案，定期进行复核检查，并采用必要的措施有效地控制人工成本，提高薪资效率。

在执行工资制度的过程中，可能遇到很多问题，其中最主要的是薪酬的调整和薪酬总水平的控制问题。目前，我国许多企业已经建立了年度薪酬调整的制度，但没有统一的制度和标准。企业工资制度主要的特点是：级别多、级差小、水平低。

第十二章

培训管理

——必要的培训还是要做的

随着国外先进管理思想、工具的不断涌入，市场竞争的日益激烈，企业之间靠硬件进行竞争日益艰难。由于不断发展的技术，大量事务性的工作会被机器取代或被外包，企业需要大量能够从事复杂性和非规则性的技术人员和管理人员。为了适应这种变化，各个企业都加大对人力资源的开发和投资，提升员工的知识和技能，来更好地满足企业现阶段和未来发展的需要。本章就来讨论一下如何做好培训管理工作。

一、培训的作用

培训工作是人力资源管理中一项非常重要的工作。可是在现实中，总有一些企业的领导者和管理者对这项工作不是特别的感兴趣。比较常见的有如下观点，一种观点认为，现在就业市场的就业人数那么庞大，找工作那么难，每年多少万的本科生和研究生在求职，这些都是潜在的员工，在这样大的竞争压力之下，这些工作技能不是应该由他们自己学好完善好吗？没有这些技能，来上什么班呢？另外一种比较有代表性的观点是虽然承认学历教育和员工培训有一定的差距，但是同样认为不应该花费人力、物力和财力对员工进行培训。

第一种观点把学历教育和员工培训混淆了，在学校里面学习的更多的是一般知识，更加偏向理论一些，与应用还是有一定的差距。比如学习市场营销的学生，在校期间学习如何做市场营销的理论工作，但是到了实际工作中，可能连促销海报文案都写不出来。而员工培训，需要偏向一定的专业知识，比如本企业在这个方面是怎么做的？如刚才所举的例子，促销海报从提案到成品的整体思路及操作方法是什么？这些都是比较实际的知识，必须尽快传递给员工，让他们可以马上运用。所以认为可以从市场上直接获取各类毕业生，只要他们足够优秀，就不需要培训，马上可以为企业服务，这种观点是存在一定问题的。

第二种观点的企业更愿意直接从市场上获取这种有经验的员工，因为他们认为这样的员工可以直接上手工作，又不需要企业承担额外的培训费用。付出同样的成本，这样做可以省时、省心，并且得到了一个为企业创造更大价值的人。这样的观点从表面上看好像没有什么问题，能够为企业节约成本。但是实际上在战略人力资源管理的背景下，培训对员工甚至企业可以产生非常积极的影响。这种影响不仅仅局限在让员工掌握特定的技能和经验中，随着社会的进步，员工培训不仅仅是停留在岗前培训中，更是与人力资源开发息息相关，更多的与绩效、薪酬和职业生涯规划挂钩。这也在一定程度上反映了员工培训在企业发展中所承担的角色正在发生变化。

所以作为企业的领导者和管理者，对于员工培训的理解也要与时俱进。员工培训对员工和企业具有一定的积极作用，主要有以下几点。

1. 培训可以提高员工的基本技能

这是员工培训最基础的要点。例如，招聘一名机床操作工，需要对他进行岗前培训，让他了解企业中的机床的类型以及操作方法；包括现在更多设备或者某些系统，如 OA 系统等，也需要对老员工进行培训。这种培训具有非常强的应用性，主要应对的是解决实际问题。

2. 培训可以提高员工的高级技能

任何一个工作，能做和做得好是两个概念。尤其是具有智力服务属性的工作，所以高级技能是指向更高的绩效，更多的积极性和主动性。例如，用 excel 来做工资表是薪酬专员的基本技能，但是如果熟悉 excel 的高级操作，可以实现更加高效的工作，这就是高级技能对于绩效的提高。再比如，某些领导的领导力很强，整个团队氛围非常好，而且工作效率高；而有的领导带领的团队，人浮于事，内部斗争连连，效率还很低下，死气沉沉，这些都是高级技能带来的绩效改变。这样我们就需要用培训来告诉这些领导者，如何打造一个更具有凝聚力的团队，如何布置工作，如何考核工作，如何设定标准，等等，而这些就是领导者的高级技能。另外，有能力做好和有没有意愿做好也是两回事。培训也可以强化员工的敬业精神和奉献精神，使得公司的价值观能够得以宣贯下去，这其实也属于高级技能。

以上对于培训的认知是较为传统的培训类型，包括基本技能和高级技能的培训。困惑在于企业的决策层和其他部门并不领情，因为大家都把这些培训所带来的花费计算为成本。因为企业并不认为培训是可以创造价值的。

现如今，单兵作战的时代已经远去，更多的是需要协同作战，如果员工只愿意守着自己的一亩三分地，不能说不对，但是当遇到需要协同作战、相互配合的时候，对于其他部门所做的工作的不了解，就很可能使得效率大大降低。

举几个很简单的例子，比如财务部门，是公司资金的一道守护神，对于财务部门来说，风控是个很重要的环节。但是现代的很多决策中，是不能做到完全的零风险的。那么财务部门如何支持业务部门的工作呢？是一刀切直接拒绝还是如果能熟悉点业务，配合业务部门将风险控制在可控范围之内呢？很显然是后者。再比如人力资源部负责招聘的人员，在招聘某一个职位的时候可能觉得是不太合适的，但是如果对整个业务线条熟悉，对每一个业务环节了解，那么极有可能是符合另一个岗位的需求的。这就是协同作战的优势。这些其实都需要对员工进行相应的培训才能做到的，这不正是说明了培训的重要性吗？

所以，现在谈员工培训，不能再局限于新员工入职培训，或者某种经验技能的提高，而是要着眼于培训对提升企业竞争力的重要作用。企业的培训，通过让员工学习所需要的知识和技能，修正价值观，提升他们的忠诚度，激励员工与企业一同发展，为客户提供更加优质的服务，从而帮助企业在市场上赢得竞争优势。同时，在企业中能够得到培训和成长，也是员工择业的一个标准。所以员工培训也可以帮助企业吸引并留住人才。

二、员工培训的内容

上一节提到了员工培训的意义、重要性以及对员工的积极影响，为了提高竞争力和吸引并留住人才，企业必须进行员工培训管理。培训的总体目的在于教会员工如何出色完成工作，那么对于出色完成工作的标准，每一个岗位的定义都不一样。所以进行员工培训不是想当然、拍脑门，也不是问员工，而是经过详细的数据分析，找出哪些是与员工能够产出更加优秀的绩效息息相关的知识点，这些才是我们培训的重点。

企业通过员工培训，是希望员工能够在工作中提高各个工作能力，而能力又是非常复杂的概念。根据能力改变的难度，可将其分为五个维度。最上面的能力最难改变。

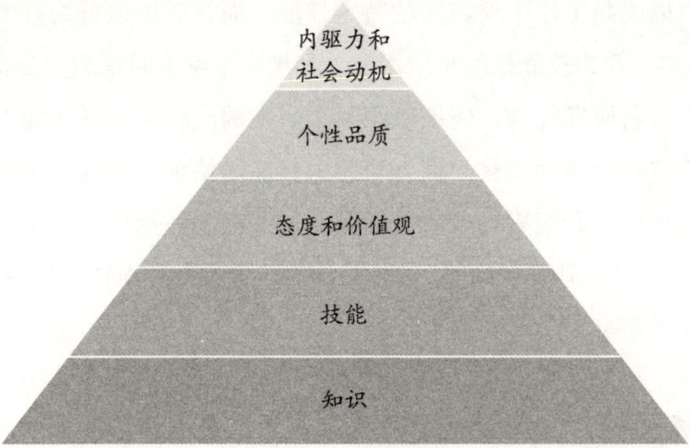

图 12-1　员工工作能力金字塔

上图中，知识和技能可以通过培训来改变，价值观和态度也可以通过一定手段来改变，而个性品质、内驱力和社会动机，是每一个人相对比较稳定的能力，比较难以改变。所以一般来说，员工培训的重点内容是在知识、技能、态度和价值观。

1. 知识

培训可以帮助员工获得工作所需要的特定知识。比如一名销售人员，必须对自己本公司生产的产品的种类、型号、特点了如指掌，才能做好销售工作。培训的内容，主要是以信息类的培训为主。对于被培训的员工，通过培训让其了解应该掌握的信息类的资讯，让其能够记忆并复述，而且能在实际工作中活学活用这就达到了培训的目的。

例如，进行完公司产品的培训后，可以考察销售人员能否讲出公司生产的产品名称、型号、特点以及与竞争对手产品相比较的优点等，如果他能讲出来，那么说明通过培训他掌握了这方面的知识。培训就达到了预期的效果。

知识层面的改善是比较容易做到的。可以通过自主学习，在职员工岗中培训等方式都比较容易让员工得到工作中所需要的特定知识。

2. 技能

培训可以提高工作中所需要的特定技能。而技能可以分为智力技能和操作 / 运动技能。智力技能指的是应用概念和规则来解决问题和发明新产品的能力。例如，一名研发经理，应该熟悉整个研发的流程，这样才能对整个研发团队的工作进行合理的安排。而针对智力技能的培训，主要是帮助参加培训的人掌握各种概念和规则，希望他们利用这些概念和规则的可推广性，去解决问题、服务顾客、开发产品等。智力技能的培训在有针对性地解决工作难题、提高工作效率方面，作用是非常明显的。

有一些工作除了需要智力技能之外，也会对操作 / 运动技能有所要求。那么通过员工培训，也可以有针对性地改善工作中所需要的操作 / 运动技能。操作 / 运动技能指的是身体运动的协调性，比如写字、开车、操作机床等，都会涉及一定的操作 / 运动技能，对于有些工作岗位来说，通过培训使员工能够精确、及时、有效地执行工作任务是非常重要的。举一个简单的例子，比如电工，如果需要经常攀爬一些高处，就对攀爬这类运动技能有要求。

以目前企业的实际情况来看，工作技能培训针对性强，效果明显，而成为最主流的培训内容。培训形式也非常丰富，比如授课、角色扮演、轮岗、头脑风暴、案例分析，等等。

3. 态度和价值观

培训可以在一定程度上改善员工的工作态度。在企业中做任何事情，都需要良好的工作态度。态度是我们对物体、人物和事件的评价性称述，这种称述可能是赞同的，也可能是反对的，反映了我们关于某个对象的内心感受。

态度由三个成分组成：

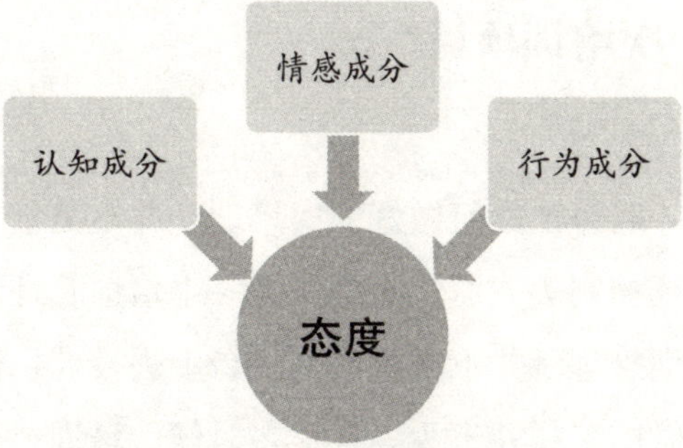

图 12-2 员工工作态度构成

例如，常常听到员工说，所在的工作平台很好很大，工作中有一定的挑战，可以学到很多东西，而且老板对我也不错，所以我挺喜欢目前的环境，我希望一直能够伴随公司发展。这其中员工阐述平台很大、工作有挑战等就是认知成分，也就是他对自己所做的工作有基本的判断，而喜欢目前的环境就是情感成分，表示其对于工作的评价，最后希望能够伴随公司一起发展是行为成分。

培训也可以在一定程度上影响人的价值观。价值观是人们用来区分好坏标准并指导行为的心理倾向系统。价值观其实就是看待问题的尺度，我们用来去看待什么是对的，什么是错的，什么是好的，什么是坏的，什么是应该的，什么是不应该的，什么是重要的，什么是不重要的。价值观在一定程度上是决定了工作态度，比如在一个企业中并不是每一个员工都能拿到高薪，做着有意思的工作，如果员工的价值观认为工作就应该积极努力，而不是当一天和尚撞一天钟，那么他的工作态度就会很端正。所以说，价值观支配着一个人的行为、信念、理想、观点和态度。比态度更加深层次的个体特征。所以通过培训宣贯，也能从一定程度上影响员工的态度和价值观，从而影响员工的行为，让这些有效的行为尽可能多地在工作中体现。

如果可以选择，企业当然希望员工在工作中所需要的能力得到全方位的提升，保证全体员工都是高效的。但是激烈的竞争和企业资源的有限决定在实施员工培训的时候，势必要把资源投入到对员工行为产生最大、最直接影响的培训内容上。

三、如何做好一次培训项目？

在这里和大家一起讨论如何做好一次培训，并不是基于一个培训师如何做好课件、做好现场控制等方面，而是作为一个培训管理者如何做好一次培训，虽然看起来培训管理者并不需要站到讲台上去授课，但是为了能够达到良好的效果，所要做的工作并不少。有很多时候，培训经理或者培训主管很用心地去做了前期工作，包括需求分析，组织现场到最后的评估，但是效果并不好，受训者觉得培训不理想，最后导致领导对培训工作也如同嚼蜡，慢慢地觉得培训工作像是鸡肋一样了。

培训工作看着好像很简单，前期发发问卷，准备场地和培训用具，做好服务工作，发发邮件。但其实从严格意义上来说，如果想做好培训工作，也是要像做项目管理一样来严格执行，包括界定共同的责任和目标、厘清思路、预见过程、调动资源、整合力量。从流程上来说大体可以分为这么几步：

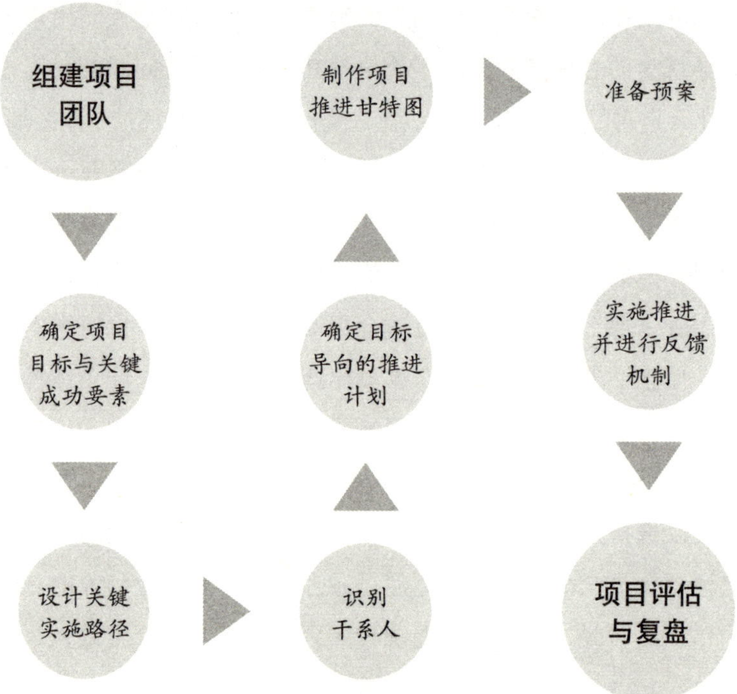

图 12-3　培训工作全流程

这 9 个步骤如果能够顺利完成，基本培训效果是可以保证的，有些项目实施过程中不见得一定要严格走 9 个步骤，有些步骤也可以合并，但是一些关键要素是不可避免的。下面来分别谈谈这几个步骤。

（1）组建项目团队

永远都不要自己单独干。永远都不要自己单独干。永远都不要自己单独干。重要的事情说三遍。很多培训经理习惯拿到培训项目以后，马上就开始着手进行埋头工作。用一句歌词来说就是："把所有问题都自己扛。"我们对这样的培训管理者还是表示敬意的，但是从增强培训效果的角度来说，一个人的力量却是有限的，所以一定要发动大家，多靠团队，少依赖个人的努力。

那么这样一个团队应该包括哪些人呢，没有一个定论。但至少应该包含助手、专家和领导三个角色。助手可以处理一些事务性的工作，包括准备材料、发邮件，制作调查问卷，等等；而专家则应该是能够为这个项目提供关键帮助的人或者特制讲师等人；而项目的成败很大程度上来源于受训部门的领导以及负责整体工作的领导，在前期如果不与相关干系人进行有效沟通，最后效果往往不会太好，作为一个团队将领导也拉到团队中来进行指导工作，领导天然地就会对项目采取支持的态度，这是显而易见的。

（2）确定项目目标与关键成功要素

不要为了培训而做培训。很多培训管理者更加重视的是培训过程，对于培训的结果反而就很容易无法控制。培训热热闹闹地做完可能就完事了，殊不知这只是完成了一半的工作。确定好项目目标非常重要，在项目初期就应该去了解整个培训项目应该达到什么样的效果，或者去和受训部门的领导沟通应该达到什么样的效果，而且效果的描述越具体，越能量化，最后可能达到的成功概率就越大。

在做培训管理的过程中，并不是所有的因素都能够对培训项目的成败起到决定性的作用。但是，把握好一些关键成功要素就能够基本保证效果了。而这些关键要素是什么，每个企业的情况不同，所以培训管理者要勤于思考，多找成功的规律，去想成功背后的逻辑。要知道，求"果"不难，难的是知"因"，通过每一次成功的案例，去了解什么样的关键因素能够促成最后的效果的达成，才能让每次的培训项目越来越好。

（3）设计关键实施路径

刚才第二点讲到要有项目目标，为了完成这个目标也不是一蹴而就的，尤其是有些培训项目时间长，跨度大，部门多，如果不做好节点控制，最后做到半途也很容易失控。所以要先考虑一些不可或缺的过程目标，再考虑涉及经验的做法顺序。

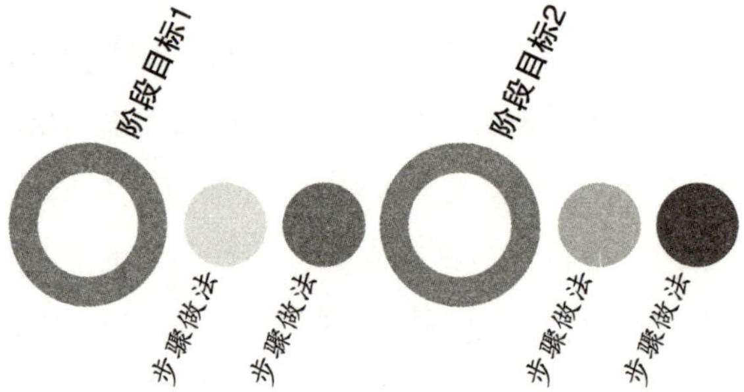

图 12-4　为项目设置阶段目标

其实这个图的意思就是，如果项目比较小，目标也容易达成的话也就不用考虑那么细了。但是如果项目比较大，那么保证不出太大偏差最有效的办法就是设置阶段目标。只要每一个阶段目标都完成得不错，最后偏差的可能性就不大。特别是要关注各阶段的顺序设置，对于有些时间弹性小的要尽可能前置地做完，以防止整个项目中的顺序冲突。

（4）识别干系人

培训管理工作不仅仅是个技术工作，更多的还有社会工作要做。其中最重要的便是干系人管理，要知道，决定一个项目成败的因素是有很多种的，其中干系人是很重要的一环。甚至，有些干系人影响了项目，却不知道干系人在什么地方，所以识别干系人是非常重要的。大体上可将对于培训管理有影响的干系人分为几类，如图 12-5 所示。

这里面有些人会根据项目的发起者的不同及其所处的环境的不同而做出调整，有些角色可能还会重合，比如一个受训部门的人发起的培训项目，那么他们既是使用者，也是购买者。

尽可能多地去了解围绕着培训项目有哪些可能存在的干系人，评估干系的根本就是把握利益诉求。所以只要尽可能站在对方的角度考虑问题，那么

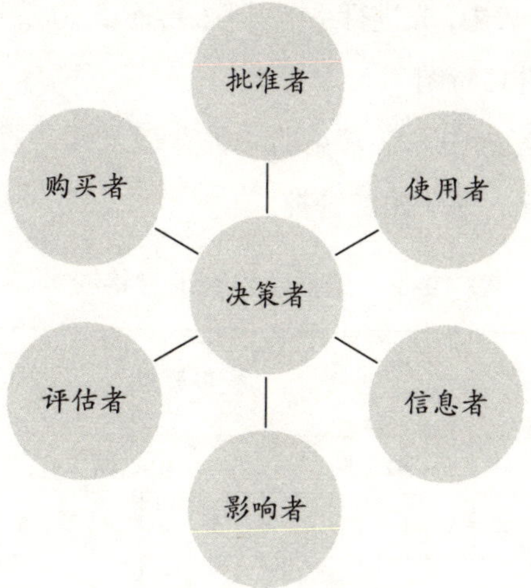

图 12-5　对培训管理有影响的干系人分类

搞定项目的干系人并不是一件难事。满足培训项目干系人的相关利益诉求，可以大大提升培训项目的成功率。

（5）确定目标导向的推进计划

组建了团队、有了目标、识别了干系人，剩下就是要开干了。有必要绘制一个基于目标导向的推进计划，如下表。

表 12-1　基于目标导向的行动计划表

关键目标描述	一、目标细分				二、策略与行动方案			
	1.1 过程目标	1.2 时间节点	1.3 要素目标	1.4 障碍或挑战	2.1 针对性策略	2.2 人员职责分工	2.3 预防和预案	2.4 支援与支持需求
定性+定量								

将相关信息填入上表中，先进行系统思考，再逐步完成目标细分及策略推演。

（6）制作项目推进甘特图

甘特图是做项目管理中非常常见的一种管理工具，通过甘特图可以清晰地了解整个项目的情况，便于跟踪管控。

表 12-2　培训项目管理甘特图

任务、目标与责任人			检查要点																			
任务	目标	责任人	第一周					第二周					第三周					第四周				
			1	2	3	4	5	1	2	3	4	5	1	2	3	4	5	1	2	3	4	5

通过细化任务和责任人，确定阶段检查目标，描述检查标准，确定检查时间点。做好检查结果的标注，定期更新此表，能够帮助清晰了解项目进展。

（7）准备预案

在笔者十几年的工作生涯中，做过的培训项目很多，也经历过大大小小的所谓的“事故”。明明都希望培训项目圆满完成，前期做了那么多的工作，就差最后一哆嗦，结果偏偏在最后的环节还很容易出状况。所以做好预案非常的重要。

在笔者经历过的培训项目中已出现过许多“事故”。例如，讲师不能来讲课，讲师现场所授课的内容和受训的人想听的内容很不一致，现场由于争执起了冲突，现场的教学工具出现问题，等等，可以说不胜枚举。正所谓，凡事不预则不立，有了良好的预案，即使真的出现了问题，能很快补救，至少不会出现现场崩溃的局面。以上仅供读者参考。上述现场出现的问题中，也许让读者最为头疼的，就属讲师因各种原因，不能准时或者干脆无法到场进行讲课的问题。其他的问题都可以通过一些应急方法进行解决。甚至有些问题本就该是讲师来控场解决的，而讲师不在场，该如何解决问题呢？建议的解决方法为：培训管理者亲自承担课程讲解。也许不一定完全按照培训讲师的方法套路讲解，但一定要有控制场面及讲解技巧，比如可以将培训的形式变成了小组讨论，互相评比。用引导的方式将大家的思路打开，要知道很多受训者其实在工作中已经有了很多很好的思路，只是没有系统地提炼出来，正好通过这次活动进行了知识沉淀。最后的效果虽然讲师没到场大家感到很遗憾，但至少培训的效果是能够达成一半的，算是基本挽救了局面。

剩下的突发状况读者可以根据实际的工作来进行总结，解决的方法千变万化，但又万变不离其宗，一定要根据实际情况来控制好整体的培训节奏。

（8）实施推进并建立反馈机制

做好了预案，大幕拉开，好戏就登台了。这个时候的培训管理者，请你们千万不要不管了，有的培训经理基本开个场，就把控场的权利交给了讲师，应该说将后面所有的工作都推给了讲师。这种操作是不可取的，在整体培训还未结束前，所有培训信息必须保持全员同步，如计划中的工作与实际培训过程中的情况不一致，在发现问题时，培训管理者，需要第一时间对问题点进行控制，进行有效解决。确保整体培训的有效完成，并了解培训结果及目标的达成情况，这是一个合格培训管理者应具备的工作能力。

（9）项目评估与复盘

课程培训结束后，有些培训管理者就觉得万事大吉了，能够进一步思考培训的可能会做培训评估，考考试，做做满意度调查。这样就够了吗？远远不够。要知道，每做一次培训，都希望能够为下一次的培训提供好的经验教训等，必须重视项目评估和复盘。

广义的培训评估，是指对培训项目、培训过程和效果进行评价。培训前评估是在培训前对受训者的知识、能力和工作态度进行考察，作为培训者编排培训计划的根据；培训前评估能够保证培训项目组织合理、运行顺利，保证受训者对培训项目的满意度。培训中评估是指在培训实施过程中进行的评估；培训中评估能够控制培训实施的有效程度。培训后评估是对培训的最终效果进行评价，是培训评估中最为重要的部分，目的在于使企业管理者能够明确培训项目选择的优劣，了解培训预期目标的实现程度，为后期培训计划、培训项目的制定与实施等提供有益的帮助。

在这里可以用柯氏评估来对照自己的培训项目应该采用几级评估：

表 12-3　柯氏评估

级　别	内　容
一级反应评估	评估被培训者的满意程度
二级学习评估	测定被培训者的学习获得程度
三级行为评估	考察被培训者的知识运用程度
四级成果评估	计算培训创出的经济效益

每个阶段在最后评估时候的解读都会很不一样，下面我们把柯氏评估分为四个阶段来阐述。

阶段一：学员反应。

在培训结束时，向学员发放满意度调查表，征求学员对培训的反应和感受。问题主要包括：

- 对讲师培训技巧、课程内容的设计、教材挑选及内容、质量、课程组织的反应；
- 是否在将来的工作中，能够用到所培训的知识和技能；
- 学员最明了他们完成工作所需要的是什么，如果学员对课程的反应是消极的，就应该分析区分是课程开发设计的问题还是实施带来的问题。

这一阶段的评估还未涉及培训的效果，学员是否能将学到的知识技能应用到工作中去还不能确定。但这一阶段的评估是必要的。培训参加者的兴趣，受到的激励，对培训的关注对任何培训项目都是重要的。同时，在对培训进行积极地回顾与评价时，学员能够更好地总结他们所学习的内容。

阶段二：学习的效果。

确定学员在培训结束时，是否在知识，技能，态度等方面得到了提高。实际上要回答一个问题："参加者学到东西了吗？"这一阶段的评估要求通过对学员参加培训前和培训结束后知识技能测试的结果进行比较，以了解他们是否学习到新的东西。同时也是对培训设计中设定的培训目标进行核对。这一评估的结果也可体现出培训师的工作是否是有效的。

但此时，仍无法确定参加培训的人员是否能将他们学到的知识与技能应用到工作中去。

阶段三：行为改变。

这一阶段的评估要确定培训参加者在多大程度上通过培训而发生的行为上的改进。可以通过对参加者进行正式的测评或非正式的方式如观察来进行。要回答一个问题："受训人员在工作中使用了他们所学到的知识，技能和态度了吗？"尽管这一阶段的评估数据较难获得，但意义重大。只有培训参与者真正将所学的东西应用到工作中，才达到了培训的目的。只有这样，才能为开展新的培训打下基础。

需要注意的是，因这一阶段的评估只有在学员回到工作中去时才能实施，这一评估一般要求与参与者一同工作的人员如督导人员等参加。要知道技能改变后由于短期内还不熟练，有时候甚至可能会造成一定程度上效率的降低，如果将培训成果应用到实践当中去，受训人员的领导也是要配合的，要给予这样的机会实施。

阶段四：产生的效果。

这一阶段的评估要考察的不再是受训者的情况，而是从部门和组织的大范围内，了解因培训而带来的组织上的改变效果。即要回答"培训为企业带来了什么影响？"这种影响可能是经济上的，也可能是精神上的。如产品质量得到了改变，生产效率得到了提高，客户的投诉减少了，等等。这一阶段评估的费用、时间和难度都是最大的，但对企业的意义也是最重要的。

以上培训评估的四个层次，实施从易到难，费用从低到高。一般最常用的方法是阶段一。而最有用的数据是培训对组织的影响。是否评估，评估到第几个阶段，应根据培训的重要性决定。

可以从这几个方向来进行简单的评估：

表 12-4　培训评估方向

方　向	维　度	要　因	影响度	可控性
人	知识、技能、态度、动机等			
机	政策、制度、流程、规范等			
法	设备、设施等			
料	方法、工具软件等			
环	市场环境、企业文化、团队氛围等			

通过以上几点，加强控制，做好评估与反馈，基本上培训项目失败的概率是比较低了，起码能够保证培训顺利进行。

四、培训经费的核算和控制

前三节一直在讨论如何做好一场培训或者说如何做好一系列的培训管理，但是培训毕竟还是一种企业运营行为，只要是企业运营行为就会涉及费用支出，所以如果花小钱办大事，能够控制好经费也能达到同样的效果，或者说作为一个培训经理，对整个培训过程中的经费的核算控制是必不可少的工作。所以本节来讨论这个话题。

1. 培训成本的含义

培训成本是指企业在员工培训过程中所发生的一切费用，包括培训之前的准备工作、培训的实施过程以及培训结束之后的效果评估等各项活动的各种费用。

直接培训成本是指在培训组织实施过程之中，直接用于培训者与受训者的一切费用的总和。如培训教师的费用，学员的往来交通、食宿费用，教室设备的租赁费用，教材印发、购置的费用，以及培训实施过程中的其他各项花费等。

间接培训成本是指在培训组织实施过程之外企业所支付的一切费用的总和。如培训项目设计费用，培训项目的管理费用，培训对象受训期间工资福利，以及培训项目的评估费用等。

2. 培训成本的构成

在西方人力资源会计中，员工培训成本被定义为人力资源的开发成本，它是指企业为了使新聘用的人员熟悉企业、达到具体岗位所要求的业务水平，或者为了提高在岗人员的素质而开展教育培训工作时所发生的一切费用。企业人力资源开发成本的支出，有助于员工知识的增长、技能的提高，因此，从本质上来看，人力资源的开发成本是企业对人力资源进行的投资，它是真正意义上的人力资源投资。

人力资源的开发成本主要包括人员定向成本、在职培训成本和脱产培训成本。

（1）人员定向成本

定向成本也称为岗前培训成本，指企业对上岗前的员工进行有关企业历史、企业文化、规章制度、业务知识、业务技能等方面的教育培训时所支出的费用。包括培训者和受训者的工资、教育管理费、学习资料费、教育设备的折旧费等。这个费用基本上是不可避免的。

（2）在职培训成本

在职培训成本包括培训人员和受训人员的工资、培训工作中所消耗的材料费、让受训人员参加业余学习的图书资料费、学费等，这里可能还涉及外请老师的课酬等。

在职培训往往会涉及机会成本问题，由于开展在职培训而使有关部门或人员受到影响导致工作效率下降，从而给企业带来损失。这个问题也是要多多衡量的，毕竟在现实工作中，有很多受训部门就是拿这样的理由来搪塞，比如赶项目之类的。

（3）脱产培训成本

脱产培训根据实际情况，可以采取委托其他单位培训、委托有关教育部门培训或者企业自己组织培训等多种形式。根据所采取的培训方式，脱产培训成本可分为企业内部脱产培训成本和企业外部脱产培训成本。内部脱产培训成本包括培训者和被培训者的工资、培训资料费、专设培训机构的管理费等；外部脱产培训成本包括培训机构收取的培训费，接受培训学员的工资、差旅费、补贴、住宿费、资料费等。

培训成本与培训的人员在企业中所担任的职务、所接受培训的层次、培训单位等有密切的关系。

编制培训预算方案前，主要应当采集以下与员工培训相关的信息：

（1）需要参加公司外部培训的员工的数据资料。即采集所有需要参加外部培训的员工可能发生的费用资料，如学费、资料费、参观考察、交通食宿等费用。

（2）企业及其各个下属部门在企业内部组织培训可能发生的各项费用资料。包括公司拟举办的各种类型的培训班，在培训场地、聘请讲师、购买教材等方面的费用资料。

（3）场地设施，设备器材器具方面的费用数据资料。

五、如何说服老板投入资源做培训?

只有高层管理者确信培训的有效性并且予以批准后，员工的培训才能顺利进行，而且培训的实施很大程度上是依赖高层管理者对培训的支持的。很难想象没有高层管理者的支持还能把培训做好的。

但是现状是，如果要砍费用，一定先从培训费用砍起，很多高层管理者不认为培训能带来什么价值或者认为培训好了员工就还会跳槽了，所以说服领导就变成了非常重要的课题。不要总是抱怨老板不给你支持和机会。你可能还没明白培训的用意，所以也没有把握到老板的痛点。

很多人都会说，培训不是福利，是投资，但最终体现则为一个“用”字。这就是俗话说的养兵千日，用兵一时的道理了。为了极大地发挥培训最终的“用”，培训推行上就要充分考虑实战，不断地创造时机，让员工有机会在实战中感受和提升。而讲到实战，就一定要有假想敌或真正的敌人。无论是将帅还是士兵，无论运用的是阵地战还是运动战，徒手或刺刀格斗，都需要树立竞争的靶子，都必须明确“用”的重要意义。基于这种认知的培训一定是大培训的概念，也就是打破教室与课堂局限的培训定义了。它不仅包括课堂教学，也包含领导者的言传身教和公司的舆论氛围。一般来说，培训的运用主要表现在以下五个方面：

1. 竞争

竞争是企业生存的不二法则。为了提升企业的竞争能力，培训应该以“比武”方式促学习，并以“比武”结果检验学习结果。这种方式具体在企业里面表现为职工技能大赛、管理方案选拔竞赛、经营团队绩效竞赛以及赛后的胜利总结与分析以及失败点评与分析。同时，也包括各种项目竞赛、考试等。竞争也包括优胜劣汰的接班人选拔程序以及让能者上、庸者下的干部淘汰和晋升机制。竞争的过程中，总是有输有赢。对于输的一方来说必然会导致面子上的难看或者内部一些意见的产生。但从企业长远管理角度来看，畏首畏尾的做事风格，只会带来更多工作中的麻烦。到时候就不是丢面子这么简单了。不以最终效果为导向的培训都是耍流氓，如果受训者接受了培训，不会用不能用，那确实老板要问一问，培训是为了啥？

2. 争论

从组织发展的角度出发，从上到下只有一个声音好，还是在组织内营造一种自由和轻松的学习氛围，让大家的声音都能够顺畅地反映出来好呢？见仁见智吧。个人比较倾向第二种方式，因为这样才有可能维持一种较为活泼和积极的学风。

如果组织内部没有这种自由与通畅的学习沟通渠道或氛围，那么后果是很难设想的。即便大家手里都捧着同样的政策或者理论，看完之后的理解有可能就会相差十万八千里。因此企业负责人应该学会“海纳百川”，因为只有这样，才会“兼听则明、偏听则暗”，学习的效果才不至于被过分夸大或者被无端缩小。

3. 关注对手

企业应该建立培训发展的预警系统，分析竞争对手企业人力资源参数，尤其是人才养成模式和人才发展方式，从而赢得下一代人的竞争。作为一个培训管理者，应该要能了解到。

（1）竞争对手有无储备计划，或者说有无新入大学生、管理培训生的招聘计划。如果有，如何储备、如何选拔，等等。

（2）竞争对手核心团队的任职时间，其间职位变动的幅度、个人背景或者资历等因素，值得留意。

（3）竞争对手在培训上表现如何。这里可以从行业内共同的供应商或者共同客户获取，也可以从平日里相互之间的沟通中去获取信息。毕竟知己知彼百战不殆。

（4）广泛收集诸如企业文化纲要、员工手册等关于竞争对手或者行业内领头企业的基本管理信息。一般来说，网络上基本都能查询到主要竞争对手或者一些规模影响力比较大的公司信息。

第一点和第二点，人力资源部可以通过招聘功能获得，包括从网络或者招聘面试过程的提问中获取。第三点与第四点，可以通过对竞争对手的网络或者相关报道信息进行分析获取。

4. 应对危机

培训中的实用主义有一个重要的意义就是“防”字。这种“防”的具体表现就是在培训系统中设置预警或者危机处理这样的科目，通常称之为有通知的演练和没有通知的随时拉练。

所谓有通知的演练一般都是基于计划而进行的演练；而没有通知的拉练则是随机和偶然的演练。有通知的演练大家并不陌生，诸如消防演习、地震疏散以及化学品泄漏等科目的演练。也有领导突然出差，授权某下属处理事情，回来之后予以评估和分析这方面的演练，还有让部分员工列席其上司级别才能参加的相关重要会议，以训练其对公司管理者的认知和管理氛围的熟悉，这些也是有通知的演练。至于没有通知的演练，举个简单的例子，上司突然以客户的身份打电话进来咨询某个信息，进而了解员工的反应和素养，这种冷电话在现实管理中有着强大的约束力，还有像神秘客人一样的人物，去了解店员的反应也是类似的做法。

培训管理者一般都应该以访谈的录像或者座谈的笔录等方式将这种有通知和无通知的演练结果进行沟通和分享。条件成熟的时候，需要通过一定的物质激励来总结、表彰和推动。

5. 情景练习

这种培养方式是目前市场上比较认可的方式，但对于作为高管人员来说，需要具备较强的辅导能力。而且对于培训管理者来说也提出了更高的挑战，需要去尽可能地了解业务。对于受训者来说，如果培训的内容是和自己的工作息息相关，当然投入的程度就会不一样，但是如果培训管理者做出来的内容和自己工作不相关，或者能够很明显感觉到对业务并不熟悉，自然也就很难赢得受训者的心了。

讲到这里，还是没有明确说明如何说服老板对培训提供支持。其实老板关心的是战略目标的达成，只要掌握以上五点，所有的事情都围绕着战略目标的达成来进行，领导是不会那么轻易地拒绝或者减少培训预算的。

02

第二部分

高手篇

第十三章

企业文化建设

——同心同德的终极含义

企业文化建设是指企业文化相关的理念的形成、塑造、传播等过程，要突出在“建”字上，切忌重口号轻落实、重宣贯轻执行。

加强企业文化建设，能够科学整合企业生产要素，引导员工形成共同的价值观，增强企业凝聚力，构建和谐企业，使企业在激烈的市场竞争中实现可持续发展。富有特色的企业文化，可以成为一个企业持续发展的基石。

很多人会觉得企业文化的建设非常虚，只存在墙上的标语中，最后实践的时候谁也不会去注意这个东西。但是如果真正实施起来，并且将企业文化中的企业理念、价值观、愿景等植入员工的心中，会给企业的人力资源管理带来极大的优势，而且能体现出企业的性格。

一、企业文化就是老板文化吗?

企业文化就是老板文化吗？很多人很认同这样的观点，也有人抱着不一样的态度。在企业文化的学术领域，也不乏企业文化就是企业家文化的观点，持这种观点的人最经常用的佐证就是我国民营企业的文化，因为在我国，民营企业是典型的权力型企业，一般情况下，企业法人既是企业的所有者，也是企业的管理者，其思想和行为影响着企业的一举一动，似乎企业家思想就是企业文化，但实际上并非如此。

用一家民营企业为例，老板是典型的我的思想就是企业文化，我的要求就是企业行为的践行者，但是实际上他的思想并不符合企业的发展，员工在该企业工作动力不足，大多数员工在这样的工作环境下存在不满情绪，甚至出现抵触行为，一旦有新的机会，很多人会考虑更换工作环境，因此该公司的人才流失十分严重。可见，企业文化建设必须符合企业广大员工的利益，企业家思想并不能代表企业文化的全部。首先应该明确的是，企业管理者的思想对企业文化建设有着重要的影响。如果说市场是没有硝烟的战场，那么企业就是部队，企业家就是这支部队最高的指挥官。企业家性格及气质将为企业注入活力，并有着长远的影响。像惠普公司令人尊敬的惠普之道，尽管惠普的创始人已经离开公司，惠普的CEO也进行过更换，但惠普的气质、精神却没有因为企业负责人的更换而发生变化，这就是企业之魂。作为领航者的企业家，需要在企业文化建设及实施过程中发挥最重要的作用，将先进的思想内涵与企业文化融为一体，产生共鸣，创造更大的价值。所以企业文化绝不仅仅是企业家的思想，而且也不应该仅仅是企业家的个人思想，二者的关系应是企业文化由企业家倡导，能够适应于企业发展并体现大多数员工意愿的价值追求。也就是说，企业家思想对企业文化建设有着重要的意义，甚至可以称之为企业的灵魂，但是企业家思想不能代表企业文化的全部。

下面来具体分析企业文化与企业家思想之间的关系。

1. 从概念角度区分企业文化与企业家思想

首先，需要清楚一个概念，什么是企业文化？企业文化是企业在长期生产经营实践中逐渐形成的、为企业和大多数员工所信奉、遵从，并付诸实践的价值取向。企业文化分为精神层、制度层、行为层和物质层四个层面。

从企业文化的概念来看，企业家思想与企业文化有着明显的区别：

如果企业家思想不被大多数员工所认可，就很难付诸实践，也就无法营造强势的文化力；此外，企业家思想属于思想范畴，而精神文化层面只是企业文化四个层面之一，企业家思想不可能涵盖企业文化的四个层面。所以，从概念的角度来看，说企业家思想不能等同于企业文化。

2. 企业文化从属性上看是属于企业性质的价值理念

企业文化是与企业的活动有关的价值理念，而不是别的方面的价值理念，它反映了企业在现实运行过程的全部活动的价值理念，是企业制度安排和战略选择在人的价值理念上的反映。可见，企业文化代表着企业的整体，企业家的思想也仅仅能代表企业或体现企业的一个部分。

聪明的企业家会把企业作为与员工共同的家园，愚蠢的企业家才会把企业看作个人的私有财产。企业家应该通过自己的倡导与践行，将适应于企业发展的个人思想逐步转化成为广大员工信奉并付诸实践的企业文化。

3. 企业家思想是企业文化的重要来源

如果说企业文化是企业的灵魂，那么企业家便是企业文化的灵魂。企业家是企业的英雄人物，具有卓越的领导和管理才能，他们既是企业生存发展的核心人物，也是企业文化的核心人物。企业文化许多价值理念正是企业家从自己的经营实践中感悟、提炼出来并推广成为公司员工共同遵守的理念。因此，企业家个人极力倡导和崇尚的价值理念是企业文化的主要来源和构成。

4. 企业家在企业文化建设中发挥重要作用

企业家是企业文化建设的组织者，没有企业家的倡导和组织，企业文化建设就不会被提到企业工作日程上来。

企业家是企业文化的示范者，建设企业文化，企业家要率先垂范，成为员工的示范者、认同的对象、模仿的榜样。企业家是企业文化的传播者，只有企业家身体力行，坚持推进，使企业家思想与职工的自觉践行上下结合，融为一体，企业文化建设工作才能更有效地开展起来。

二、怎样做出真正能落地的企业文化?

企业文化是企业在长期的创业和发展过程中形成的，共同遵守的最高目标、价值标准、基本信念及行为规范，是企业理念形态文化、物质形态文化和制度形态文化的复合体。企业文化的建设包括文化理念的总结提炼，以及理念的落地两个阶段。

企业文化被各大企业重视很多年了，尤其近些年，文化的落地成为公司管理层关注的热点之一。即便如此，很多企业的文化最终还是沦为挂在墙上的口号，究其根源，有相当一部分的原因是文化理念本身与企业实践、战略相脱节，对企业的发展作用有限。适宜的文化理念是企业文化落地的前提，脱离企业实际的文化理念，在一开始就是无根之萍，又如何落地?

所以，文化理念的总结提炼是文化建设的首要任务，理念总结提炼的质量，从根本上决定了文化落地的效果。企业文化总结提炼的不好，基本上落地的可能性就比较低了。目前，行业内一般是把文化理念体系分为三个层次：

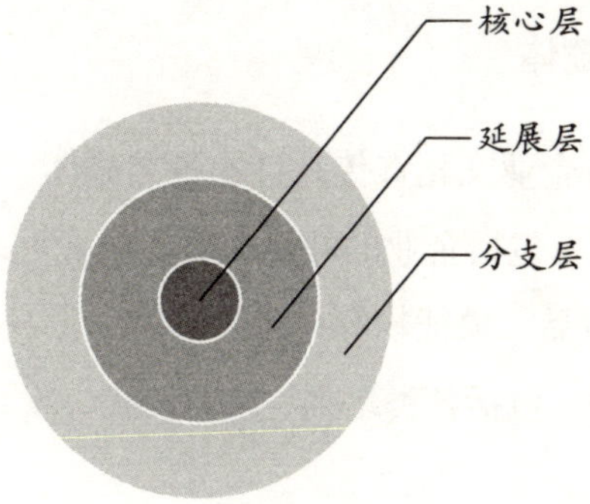

图 13-1　文化理念体系的三个层次

• 核心层：包括企业的使命、企业愿景和核心价值观。

• 延伸层：包括企业的管理理念、经营理念、企业精神。

✧ 管理理念：企业管理活动的思想，重点在于企业如何做好内部管理；

✧ 经营理念：企业经营活动的思想，重点在于企业如何实现外部发展；

✧ 企业精神：是企业员工具有的共同的思想境界和理想追求。

• 分支层：是企业具体各项职能管理活动的指导思想。

这三个层级逐级递进，核心层是基础，延伸层和分支层可根据企业发展阶段和管理需求，逐级展开提炼制定，并支撑核心层。

文化理念层确定后，如果直接跟员工宣传沟通，员工很难从这些抽象的词语中理解和把握该企业文化的确切内涵，更难以贯彻落实。这种急于求成的做法，就造成很多企业文化只能落到墙上沦为口号。所以必须将文化理念具象化，通过公司内各类制度规范、仪式活动、故事、象征物等载体，把抽象的企业文化理念变得可直接观察、感知。最好能把文化理念渗透到各类制度中，包括企业的员工行为规范等制度。通过清晰的制度导向，让员工理解文化理念，并在日常工作中潜移默化，接受、遵循文化理念。

具象化的过程不是一劳永逸的。随着企业的发展，各种规章制度需要不断修订，以适应新的管理，但万变不离其宗，无论其表现形式如何变化，始终都不能脱离企业文化理念这个核心。

文化理念具象化后，就可以展开内部的宣传沟通，将文化理念和各类具象化的体现，借助内部各种载体，传达给企业全体员工。并持续不断地宣贯强化，加深员工对文化的理解和认同。文化传播的载体种类繁多，大致可分为两大类：

1. 内部企业文化载体

主要是对员工进行企业文化宣传教育的各类载体，具体又可分为：

（1）物质文化载体：包括企业的环境布置、企业网站、企业刊物、企业制服、企业各类文化宣传品、象征物等；

（2）行为文化载体：包括各类培训、各类仪式、各类文体活动、员工沙龙、企业内各类社团等。

2. 外部企业文化载体

向外部公众进行企业形象和口碑宣传的企业文化载体。如企业新产品发布会、企业赞助活动、新闻报道、参加行业展览、接待社会公众和学习考察团体参观企业等。

考虑到企业内外部文化推广的载体众多，文化落地可参考如下六步来推进：

具象化到部分比较容易操作的载体上；

↓

向员工宣传，并组织员工学习讨论；

↓

通过竞赛、考试等方式，考察员工的熟知度；

↓

继续利用设计好的载体传播理念，并根据载体设计相应制度、架构等；

↓

向员工介绍新设计载体，沟通清楚调整点及调整内涵，并说明与企业文化的关系；

↓

持续运用新载体一段时间后，要对企业文化载体的应用情况、员工对企业文化的认同度进行评估，并根据评估结果，对企业文化载体进行调整或优化。

图 13-2 推进文化落地的六个步骤

通过上述PDCA步骤的不断循环重复，文化的载体会不断完善，员工对企业文化的认知度和认同度也会不断提升。只有这样，才算是真正将企业文化落地。

三、如何办好企业内刊?

上文提到企业文化建设可以用内部企业文化载体来表达，其中很重要的一个载体便是企业内刊，那么如何办好一份企业内刊呢?

1. 领导重视是办好企业内刊的前提

要想干好工作，关键看领导重视不重视，办内刊同样如此。企业各级领导特别是高层要重视和关心内刊，要保证必要的经费投入，配备电脑、数码相机等必要的硬件设备；还要在内刊上亲自撰写文章，勉励企业广大干部职工团结一心，努力工作，与员工形成良好的互动，也让广大干部员工了解公司的愿景。如果领导只是要一份企业内刊，而不够投入支持，相信企业内刊是办不好的。

2. 提高编辑队伍的政治水平和业务素质，是办好企业内刊的重要保障

企业内刊的编辑人员基本是企业员工来担任，不太可能是专业的新闻从业人员，没有经过系统、专业培训，缺乏编辑工作应有的基本知识和业务素质，即使工作热情再高，也难以把内刊办好。因此，只有加强编辑队伍的政治理论和业务知识培训，企业内刊的质量才有可能提高。

3. 建立健全通讯员网络，组织和发展一支高水平、高素质的通讯员队伍，是办好企业内刊的基础

企业内刊不仅仅是人力资源部一个部门的事情。办好企业内刊是需要全公司共同努力的结果。通讯员便是内刊的基础，企业必须高度重视这支队伍的建设。人力资源部负责内刊的编辑要主动和热心于宣传工作，并与一定写

作能力和采访经验的员工建立经常性的联系，努力把他们吸引到通讯员队伍中来，努力建立通讯员网络。要不断完善宣传报道工作机制，明确通讯员工作职责、任务，加大量化考核力度，以激励通讯员写稿的积极性、创造性。

4. 找准定位是办好企业内刊的核心问题

内刊的定位直接关系到其风格和发展方向。如果定位不准，企业内刊将失去存在的价值。当前来看，企业内刊基本上有两种定位，一种是企业内部沟通的载体，体现企业的文化、发展、管理和员工的精神风貌，客户基本不参与其中，只作为潜在观看的角色存在。

另一种比较开放，成为和客户之间沟通的载体，除了表达企业的观点之外，允许和鼓励客户参与，表达自己的观点、感受、体验，共同创造出独特的品牌文化和品牌精神，并以此圈定消费者，吸引消费者关注企业品牌。作为内刊编辑，首先是企业工作人员，然后才是报刊采编人员。内刊编辑必须熟悉和了解企业、熟悉企业所属行业，只有这样才有可能使内刊成为资讯交流、教育引导、娱乐共享为一体的内部刊物。

5. 形式多种多样

现在除了纸质媒体，越来越多的新媒体也走进人们的视线。企业内刊也要与时俱进，也可以采取多种多样的形式来展开。除了文字性内容，也可以加入很多可以互动的环节，增加员工的参与度，提升员工的兴趣。

第十四章

规章制度

——有法可依，有法必依

一、制定规章制度的流程是什么?

《劳动合同法》第 4 条规定，用人单位应当依法建立和完善劳动规章制度，保障劳动者享有劳动权利、履行劳动义务。用人单位在制定、修改或者决定有关劳动报酬、工作时间、休息休假、劳动安全卫生、保险福利、职工培训、劳动纪律以及劳动定额管理等直接涉及劳动者切身利益的规章制度或者重大事项时，应当经职工代表大会或者全体职工讨论，提出方案和意见，与工会或者职工代表平等协商确定。所以标准的三个步骤应为：

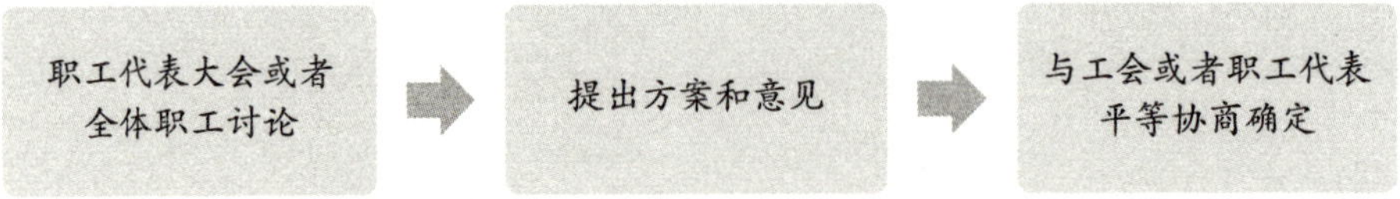

图 14–1 制定规章制度的流程

此外，最高人民法院《关于审理劳动争议案件适用法律若干问题的解释》第 19 条规定，用人单位根据《劳动法》第 4 条之规定，通过民主程序制定的规章制度，不违反国家法律、行政法规及政策规定，并已向劳动者公示的，可以作为人民法院审理劳动争议案件的依据。

所以，很多企业即使没有工会这样的组织，也要对制度进行相应的公示并保留证据，才能在日后发生劳动争议时作为依据。

二、企业规章制度的公示程序

如上文所讨论的一样，规章制度制定后，在劳动争议处理过程中并不会很自然地作为处理依据，还必须经过公示程序。最高人民法院《关于审理劳动争议案件适用法律若干问题的解释》第 19 条规定，用人单位根据《劳动法》第 4 条之规定，通过民主程序制定的规章制度，不违反国家法律、行政法规及政策规定，并已向劳动者公示的，可以作为人民法院审理劳动争议案件的依据。《劳动合同法》第 4 条第 4 款规定，用人单位应当将直接涉及劳动者切身利益的规章制度和重大事项决定公示，或者告知劳动者。规章制度公示方法很多，根据实践经验，实践中一般可采取如下公示方法。

表 14–1　公示方法

方　法	内　容
公司网站公布	在公司网站或内部局域网发布进行公示
电子邮件通知	向员工发送电子邮件，通知员工阅读规章制度并回复确认
公告栏张贴	在公司内部设置的公告栏、白板上张贴供员工阅读
员工手册发放	将公司规章制度编印成册，每个员工均发放一本
规章制度培训	公司人力资源管理部门组织公司全体员工进行公司规章制度的培训，集中学习
规章制度考试	公司以规章制度内容作为考试大纲，挑选重要条款设计试题，组织员工进行开卷或闭卷考试，加深员工对公司规章制度的理解
规章制度传阅	如公司员工不多时，可将规章制度交由员工传阅

使用表 14–1 中的第 4 种公示方法，即员工手册的发放，为避免出现浪费纸张等情况，可以选择制作几本手册，留好空白处，请员工签字确认，由人力资源部进行保留。

三、一般常见的违纪种类有哪些？

在企业管理实践中，员工违纪时有发生，因此需要制定严谨的劳动纪律制度。实际工作中，并不是所有的违纪行为都需要进行处罚。需要根据违纪的严重程度来进一步确定处罚力度。通常情况下，员工的违纪分为轻微过失与违纪、普通过失与违纪、严重过失与违纪三个等级。

下面列出比较常见的过失种类对应的典型表现。

表 14–2 常见的过失种类对应的典型表现

过失与违纪等级	典型表现
轻微	工作时间内未经许可擅离工作岗位，或从事与工作无关的事情； 损坏、遗失经管的公共钥匙、文件、内部资料、单据、物品或工具等； 故意不服从上级的指示，对上级指示或有期限的命令，未如期完成或处理严重不当且未申报正当理由； 未经上级同意擅自换班、调班； 工作时间内进行串岗、嬉闹等情节较轻的扰乱工作环境的行为； 因疏忽致使机器设备或物品材料遭受损失、伤及他人或造成其他损失； 投机取巧隐瞒蒙蔽谋取非分利益者； 因个人原因被客户投诉并经查实（如过度承诺等），或被举报者，经查实较轻者； 工作失职或失察造成 5000 元以下损失者； 未及时将公司需要传达的通知传达到位导致直接下属被处罚者； 为逃避 / 推卸责任，未经协调或沟通，直接将分内工作推卸给上级或其他员的行为； 未按公司财务报销流程，未按真实使用情况进行核销的行为； 擅配或私配公司的各种钥匙（未造成损失或造成损失者）； 未经允许使用不属于自己使用的机器设备； 员工利用公司资源，工作时间内为公司以外的单位或个人进行兼职工作
一般	伪造、编造或盗用公司印章者； 盗用或伪造有侵权风险的凭证； 在公司外从事与公司利益冲突工作者； 利用本公司名义在外招摇撞骗者； 有贪污、挪用公款或收受贿赂，经查明属实者； 制造、散布谣言，致使公司、其他员工蒙受不利者； 聚众闹事，在公司范围内吵架、辱骂、动手打人或相互斗殴者； 偷窃或非法占有客户、公司或其他员工的财务，无论价值多少； 辱骂、诽谤、殴打、恐吓、威胁、危害、责问、讽刺上级、同事或客户； 重要工作岗位工作时违反岗位职责、工作程序，即使尚未酿成事故； 向公司的竞争对手或其他任何机构泄露保密信息； 严重违反公司规定制度或做任何有损公司权益之事，情节严重者； 纵容、包庇有害于公司的行为，不加制止和反馈； 员工违反从业常识造成损失或违反财务制度、人力、行政制度、岗位职责等造成公司成本、利润、资金财产等损失，累计超过 3000 元的；

续表

过失与违纪等级	典型表现
一般	提供虚假的票据、记录、医疗或其他证明； 隐瞒或伪造履历者； 偷窃、涂改、伪造公司档案资料、各种原始凭证、原始记录及重要文件； 擅自变更工作方法和程序致使公司蒙受较大损失者； 无故损毁重要公物或携带违禁物品进入公司者； 故意损坏公司财务、客人私物或他人财物； 未经申请批准，擅自越级将个人或与公司相关事件通过邮件或明道等方式告知全公司或各级领导处者
严重	利用职务之便，吃回扣，侵占挪用经费等，或采用其他不符合法律法规或公司规定牟取利益的行为； 故意侵占、损坏公司资产； 偷窃、盗用公司财物； 泄露公司商业机密； 虚报业绩、弄虚作假，故意隐瞒或夸大事实； 故意不打卡或找人代打卡，或以其他方式无故连续旷工； 散布不利于公司团结或产生消极影响的言论； 重大工作失职，因工作失误给公司造成 1 万元以上经济损失的行为； 在社会上违法乱纪、触犯法律嫌疑重大或被判有期（无期、死刑）徒刑者

以上这些仅仅是抛砖引玉，企业所处行业的性质不同，应该根据企业所在的行业做相应调整，同时，制度是不可能把所有可能发生的问题全部罗列出来，所以为了弥补可能出现的疏漏，建议在制度中制定兜底条款。例如，“公司规章制度中规定的其他属于严重（一般或者轻微）等级的违纪现象”。这样，一旦有了没有在制度中出现的违纪现象，也可以在制度中找到相应的等级进行处理。

四、违纪的处理类型及处理流程

一般来说，员工违纪后根据违纪的严重程度可以设定一定的处罚标准。比如警告、记过、记大过、降级、撤职、辞退（解除劳动合同），甚至到要求员工承担经济责任。

《工资支付暂行规定》第 16 条中规定因劳动者本人原因给用人单位造成经济损失的，用人单位可按照劳动合同的约定要求其赔偿经济损失。经济损失的赔偿，可从劳动者本人的工资中扣除。但每月扣除的部分不得超过劳动者当月工资的 20%。若扣除后的剩余工资部分低于当地月最低工资标准，则按最低工资标准支付。

当发现员工出现违纪行为时：

首先，应注意核实是否有员工违纪的相关证据，如果没有，需要先进行相关证据的搜集，并且及时将证据保留存档，为将来产生损害赔偿或解除劳动合同关系等提供证据支持。

其次，查看相关规章制度或管理规定，以确定是否具备可对该员工等行为进行处罚的相关“依据”（前提是该等规章制度必须依法履行了民主程序并向劳动者进行了告知）；如没有相关规章制度“依据”，需进一步核实是否具备相关法律法规“依据”。

所以，当员工出现违纪行为时，企业首先要做的，应该是确定是否“有法可依”，即是否具备对该违纪员工进行处罚的相关法律依据或规章制度依据，这是前提。

第十五章 人力风险管控

——有效规避主要风险点

“曲突徙薪”是对人力资源部最好的解释，请人力资源从业者们，提前将企业中可预见的风险及漏洞，设定好可操作的、完整的规避计划。确保人力资源部的工作可完美配合企业战略发展同步进行。人力资源部门的从业者必须将风控意识融化在自己的血液中，做真正的计划执行者，而不做工作中的救火人。

现如今，企业数量呈快速增长的趋势，有些比较重视内控，有些则不是特别重视内控，要知道没出事的时候是显不出人力资源管理问题的，真出了事，关于人的事情，人力资源部是脱不了干系的。

也许有人会说，这个条件是不是太苛刻了。其实，大可不必那么紧张，只要是在运营企业就一定会有风险的存在，而风控的目的则是在一定的管理中，将可控风险消除，不可控风险降低到最低。本章就来研究此类问题。

一、人力管理风险根源

人力资源管理风险的根源主要存在意识和操作层面。

图 15–1　人力资源风险根源

1. 意识问题

单纯撇开意识问题谈业务操作是没有意义的。有句俗语：“你永远无法叫醒一个装睡的人。”企业运营中，有什么样的意识就有什么样的行为。很多企业的决策层就对人力资源的风险管控不以为然。尽管在嘴上都说要重视风险管控，但是实际上还是说一套做一套。有些是意识不到风险，而有些则是明知有风险，但是有自身利益或者其他的原因，而不愿意去触碰敏感地带。

2. 业务操作层面

整个公司从决策层到基础员工都有了风险控制的意识，才能谈到从业务操作的角度来降低或规避风险。而业务操作层面的风险主要包括人力资源制度设计以及日常操作的风险规避。

人力资源制度设计得不合理，很多时候导致在人力资源管理中存在大量的问题。有些制度的设计能够促进业务的发展，而有些制度的设计却是逼着员工去犯错。而看起来是非常割裂的制度，比如员工手册、招聘、考核、激励等制度都有内在的联系，这些要形成一个完整的体系。可以说，人力资源制度体系的缺陷是人力资源管理的最大缺陷。

日常操作的风险则包括类似招聘不当、岗位设置不当、绩效考核风险、培训管理风险等。日常操作的纲领则为人力资源的相关制度，制度中规定的一般都是红线区，也就是不可去碰触的。而这里的日常操作一定是要以人力资源制度为底线的，如果没有这条红线，很容易让工作偏离轨道，但是在工作中也可以在制度下灵活使用，就是遵守制度但不拘泥制度。

二、人力资源管理中业务风险管控

上文提到的风险根源的两个部分，作为人力部门当然有责任和义务去提醒本部门和公司中的任何一个人提高人力资源管理中的风险意识，但多数情况下，当然还是要先做好自身业务层面的风险管控。

人力资源管理中业务风险其实存在于人力资源管理中的任何一个环节，任何一个环节处理得不好都有可能造成巨大的损失，但不可能事无巨细，任何一个方面都提到，所以这里主要提及应对几类常见风险的操作思路。读者可以举一反三。

表 15–1 企业人力资源常见风险及解决思路

类别	管控点	主要风险点	解决思路
员工招聘	招聘需求	招聘需求不清晰，人员需求超过人力资源规划	加强招聘需求评审，剔除无效的需求
	招聘条件设计	招聘条件不清晰造成录用条件不清晰	加强招聘需求评审
	组织面试	面试流程混乱的风险	规范员工面试流程
	知情权	新员工录用前能否充分	本着“先小人后君子”原则和拟录用员工做好充分沟通避免入职后闪电离职
	背景调查	以往单位不配合的风险	规范背景调查的规范，多维度、多渠道验证
	录用审批	缺乏新员工录用审批的规则	制定好录用规则
	Offer	发 Offer 后违约可能面临经济赔偿的风险	公司主要领导（最好是总经理）审批是否发放
	招聘渠道	招聘渠道有限，招聘成本高	拓展新渠道，降低招聘成本
	人才推荐	近亲繁殖的风险	规范内部推荐制度
	校园招聘	应届生面试评价好，但是实际入职后发现能力素质差	优先考虑“先实习再招聘”的方式
劳动合同设计	内容设计	是否符合《劳动合同法》	学习《劳动法》知识
	劳动合同期限约定	期限要和试用期匹配	学习《劳动法》知识
	劳动报酬约定	是否低于当地最低工资标准	了解当地最低工资标准
	保密内容约定	处罚约定条款是否符合《劳动合同法》	制定符合公司需要的劳动合同模板
	劳动合同解除和终止约定	严格遵守《劳动法》，防止出现劳动争议和纠纷	严格执行《劳动法》，制定符合公司需要的劳动合同模板
	劳动合同签订	拒签劳动合同风险	按照《劳动合同法》规定“书面提出终止劳动关系”
	签订时间	逾期签订双倍支付工资的风险	入职 1 个月内必须及时签订

续表

类别	管控点	主要风险点	解决思路
劳动合同变更	协商变更	协商变更后劳动者不认账或反悔	及时签订《协议书》
	依法变更	依法变更劳动者不依不饶的风险	企业合情合法，遇到"刁民"可以走劳动仲裁维护企业利益
	依约定条件变更	企业与劳动者约定条款是否合法	企业合情合法站得住脚就不用害怕
	无固定期限合同变更	无固定期限不等于"铁饭碗"，但是如果发生解除劳动关系的风险必须认真应对	协商解决并且及时签订协议
劳动合同解除	协商解除	双方协商一致解除合同反悔的风险	及时签订《协商解除协议》
	试用期解除	如何证明新员工不符合录用条件	加强试用期考核，保留好试用期业绩证据
	严重违纪解除	如何证明员工严重违纪	详细制定并发布《员工劳动纪律管理规定》，内容要详细，违纪要有证据
	无效合同	企业和员工签署合同无效，赔偿劳动者损失的风险	必须赔偿劳动者因合同无效所造成的经济损失
	刑事处罚解除	员工受到刑事处罚解除合同的风险	刑事处罚的证据要保留
	患病员工	患病处于医疗期的员工解除劳动合同的风险很大	《劳动合同法》规定，劳动者患病或者非因工负伤，在规定的医疗期满后不能从事原工作也不能从事由用人单位另行安排的工作的，用人单位可以解除合同但是必须支付合理的经济补偿
	不能胜任工作	以劳动者"不能胜任工作"为由解除劳动合同的会存在很大的法律风险	需经过培训或者调整工作岗位的程序
	"三期"员工	处于孕期、产期和哺乳期的"三期"员工解除劳动合同的风险	将《女职工劳动保护规定》纳入日常管理制度中
	医疗期	医疗期员工不得解除劳动合同	依据劳动部发布的《企业职工患病或非因工负伤医疗期规定》执行

续表

类别	管控点	主要风险点	解决思路
劳动合同解除	客观情况变化	如何确定“劳动合同订立时所依据的客观情况发生重大变化”的风险	企业要慎用“客观情况发生变化”，遇到客观情况认真分析
	老员工	如何处理工作已经没有激情甚至会产生消极影响的老员工	善待老员工，善意引导，也可以采用培训的方式
劳动合同终止	合同期满	合同期满随意通知员工不续签	劳动合同到期企业主动提出不续签是有限制条件的，根据《劳动合同法》第 14 条规定“如果劳动者在该用人单位连续工作满十年，或者劳动者和企业连续订立二次固定期限劳动合同且劳动者没有本法第三十九条和第四十条第一项和第二项规定的情形续订劳动合同的，劳动者提出或者同意续订、订立劳动合同的，除劳动者提出订立固定期限劳动合同劳动外，企业应当订立无固定期限劳动合同”
	合同终止提前通知	企业提出不续签需要提前 30 天提出	我国《劳动合同法》对于“合同期满企业提出不续签是否必须提前 30 天提出”的问题没有明确规定，但是劳动部《关于提前通前 30 天提出，否则应加强劳动合同管理完善劳动合同制度的通知》(劳部发〔1997〕106 号)第 5 条明确提出“劳动合同期满前应当提前一个月向职工提出终止或续订劳动合同的书面意向并及时办理有关手续”
	终止补偿	企业主动提出不续签必须支付经济补偿	必须按照“N+1”模式补偿(自 2008 年 1 月 1 日起计算)
经济性裁员	裁员条件	企业随意裁员面临仲裁或诉讼的风险	用人单位可以裁减人员的情形仅限于 4 种(比如依照企业破产法规定进行重整的)，详见《劳动合同法》

续表

类别	管控点	主要风险点	解决思路
经济性裁员	裁员程序	裁员程序非法可能面临经济仲裁	《劳动合同法》规定，需要裁减人员二十人以上或者裁减不足二十人但占企业职工总数百分之十以上的，用人单位提前三十日向工会或者全体职工说明情况，听取工会或者职工的意见后，裁减人员方案经向劳动行政部门报告，可以裁减人员
	裁员保护	不分青红皂白随意裁员	依照《劳动合同法》第42条的规定，企业在裁员时，“老、弱、病、残”员工不得裁减
	裁员后招聘员工	裁员后完全招聘全新员工的风险	依照《劳动合同法》的规定裁减人员后，在6个月内重新招用人员的，应当通知裁减的人员，并在同等条件下优先招用被裁减的人员
规定规章制度	内容合法	制度内容本身违法或违背公序良俗的风险	《劳动合同法》第4条有明确规定，制度内容违法则无效
	程序合法	制度发布程序不合法	《劳动合同法》第4条有明确规定，制度发布须经民主程序讨论协商确定，否则无效
	制度公示	制度没有公示，直接走内部审批流程	直接涉及员工切身利益的规章制度应当公示
考勤与休假	带薪年休假	员工休假随意扣除工资的风险	要认真研究休假类型与薪酬的关系，认真遵守《职工带薪年休假条例》
	考勤方式	不同类型员工采用何种类型的考勤方式	指纹考勤、刷卡还是刷卡拍照考勤
	考勤结果运用	考勤结果直接作为证据的可靠性	考勤结果与绩效工资、违纪处罚等关联应用，必须慎重处理好
	迟到、早退、旷工等界定	公司考勤设备数据结果直接作为证据的可靠性	及时做好考勤设备的数据校验工作，落实好管理责任制
	加班控制	加班支付加班费用的风险	在《考勤与休假管理制度》中要落实好加班的申请制度，提前经过企业各级领导审批认可的加班方可享受加班费
	假期管理	哪些假期带薪，哪些假期必须扣工资的要特别清晰	严格落实《职工带薪年休假条例》

续表

类别	管控点	主要风险点	解决思路
薪酬	工资结构设计	工资结构不合理会严重影响企业薪酬调整规则	企业要研究制定符合自身特色的薪酬和绩效激励相关联的薪酬结构
	代扣工资	代扣工资不得随意实施否则容易引起纠纷	除了劳动合同中约定的个人所得税之外，建议代扣工资最好有单独的授权代扣委托书存档备案
	发放工资方式	操作不当可能引起法律纠纷	发放工资的方式要符合法律法规，避免违法发放的小手段
	发放工资时间	延期发放工资可能引起赔偿的风险	劳动合同中要有明确的时间约定，并且要明确何种特殊情况（如不可抗力等）发放不属于延期的情形
福利	福利范围	福利是普惠制还是某些级别人员私享的选择风险	通过薪酬福利管理规范进行公示，制度发布前要认真调研分析
	福利待遇	福利待遇的力度问题	福利待遇究竟实施何种力度才有效，必须经过认真地分析和测算
	法定福利	社保基数调整以及“五险一金”断档等风险	比如“五险一金”没有及时立户导致断档给员工购房等带来的风险
	企业福利	企业特征福利如何做到企业福利公正透明而不是部分人私享	所有福利待遇公开、公正、透明
员工奖惩	奖励员工	奖励方式和奖金金额大小	通过何种方式以及确定多大奖励金额才有激励效应必须认真研究讨论，避免擅自武断
	惩罚员工	处罚方式和处罚金额，以及处罚有可能导致被处罚员工离职的风险	制度不能处罚好员工这是一个基本准则，如何通过有效处罚起到“杀一儆百”的作用要认真琢磨
	评优奖先	“评优奖先”可能让部分员工感到不服气	注意“双刃剑”作用
劳动争议	解雇员工	非法解聘是劳动争议中最常见的风险	严格按照《劳动合同法》执行
	调岗调薪	无论薪酬还是岗位，上调皆大欢喜，下调环节中容易引起纠纷	企业要制定严格的绩效考核制度，做到薪酬岗位调整过程透明并且有法可依

续表

类别	管控点	主要风险点	解决思路
劳动争议	劳动报酬	薪酬待遇范围、薪酬结构以及对应法定福利（如“五险一金”基数）容易争议	企业要发布透明的薪酬福利管理制度或规范，认真学习《社会保险法》
	工时休假	工时认定以及休假期间的待遇容易引起分歧	企业要规范《员工考勤与休假管理制度》，规范的内容越细越好
	工伤待遇	员工工伤期间的各项待遇	认真学习《社会保险法》严格依法执行
	妇女保护	妇女的保护有法律明文规定，企业各级管理者绝对不允许漠视和践踏法律	认真学习《女职工劳动保护特别规定》，将法定要求纳入日常各项管理制度中。企业各级领导以身作则尊重并维护妇女合法权益

通过上述人力资源管理风险的梳理，相信能帮助大家对人力资源管理风险有个全局性的认识。当然企业人力资源管理的风险不仅仅限于上表中的内容，需要读者在实践中不断总结，寻找最优的解决思路。

三、人力风险防范思路

人力资源管理风险的防范，是企业人力资源管理的目标，当所有防范措施非常规范有序实施的时候，也是管理水平提升的标志。

如第一节所说，风险根源来源于意识和业务层面，那么人力资源管理风险防范就从这两个部门抓起。

为了有效地规避人力资源管理风险，各级管理者都应该做到：

1. 要有正确的人力资源风险管理的意识，建立科学的人力风险预警机制，领导者向下宣导，确保人力资源风险管控能够与时俱进，执行到位。

2. 从业务层面上，要制定符合公司发展战略和阶段的制度，并确保制度能够贯彻落实，并且制度能够随着公司的发展进行配套调整。同时，制度要经常在员工中进行宣讲和培训，在公开场合张贴告知，避免一旦出了问题，最后归集到没有制度或者制度不合理或者制度的发布过程有问题，否则企业就会非常被动了。

在业务操作的层面中，每一个环节都要考虑到位，将问题尽可能想得细致些，能够做到多留痕，这会对风险管控有很大帮助。

第十六章

人力资源创新

——变革创造管理价值

在这样一个万众创新的时代，好像做什么事情不谈创新都是不正常的。那么人力资源管理应不应该创新？如果需要创新，那么怎么创新呢？

一、人力资源管理需要创新吗?

现代人力资源管理的定义，和原有的传统人事管理相比已经有了很大的区别，不再赘述。虽然在很多人的意识中，现代人力资源管理就是以前我国传统的人事管理，只是换了一个名词而已，而且在实际中，很多企业也是这样做的，即使把原来的劳动人事部改为人力资源部，但做的还是传统的人事管理。其实，现代人力资源管理和我国传统的人事管理有很大的区别，主要表现在：

1. 管理观念的区别

传统的人力资源管理将人视为“工具”，而现代人力资源管理将人视作“资源”，注重产生和开发。资源有两种状态：一种是产生，这应该是传统人力资源管理所包含的重要内容，另一种是开发，则是传统人力资源管理所没有或者不具备的职能。而这才是现代人力资源管理的核心。在现代企业制度中，什么才是企业的核心竞争力，是人才。只有人才才具有无可替代的、不能复制的优势。

2. 管理重心的区别

传统的人力资源管理以“事”和“物”为核心，而现代人力资源管理以“人”为核心。“事”和“物”可以归结为相关的制度、奖惩措施等，这些是可以物化的东西，同时也是过去人力资源管理部门重点的管理手段。而“人”是指人力部门对职工的职业生涯规划、培训计划等提升人力资源能力的一些措施。现代人力资源管理的重点就是要打破过去存在于企业中的各种关系网，形成一种公平、公正的激励和分配机制，如果不能打破这些关系网，没有一个严格、公平、公正的制度，是不可能做到“以人为本”的。所以，从这个意义上说，“事”和“人”是同等重要的，或者说是互为基础的。

3. 管理内容上的区别

“传统的人力资源管理功能是招聘新人，填补空缺。而现代人力资源管理不仅具有这种功能，还要担负工作设计、规范工作流程、协调工作关系的任务。”从这个方面来讲，现代人力资源管理其管理范围和管理视野较过去的人事管理有很大的拓展，可以说重点和着力点已经完全不一样了，在这样的体制下，对人力资源管理部门人员素质要求非常高，因为不仅要具备现代人力资源管理的知识结构，还要具备相当的企业管理经验，这样才能够进行工作设计和工作流程的规范。

4. 管理原则和方法上的区别

传统的劳动人事管理和现代的人力资源管理在管理原则和方法上其实没有什么差别，差别在于好的管理和坏的管理。难道过去的劳动人事管理就不需要创新的管理方法？就不需要心理学、经济学、管理学的知识？这是不正确的。无论是在旧的劳动人事管理，还是现代人力资源管理模式下，作为一个好的管理者，他肯定会自动学习、吸收新的知识，并运用到工作中去。如果说区别，就在于现代人力资源管理使这种需要变得更加迫切，促进了管理者加强这方面的学习。

5. 管理组织上的区别

现代人力资源管理要打破过去劳动人事管理模式下的条条框框，这涉及许多企业中既得利益的分配问题，所以这对企业来说是个难题。实际上，现代人力资源管理应将重点放在工作流程、工作岗位、激励机制有效性、合理性的评估上，放在人力资源的培养和调度上，而对于具体的岗位设立、薪酬激励办法以及薪金的发放应该由其他专业的部门来制定和操作。这样也符合现代人力资源管理“以人为本”的思想，更加切合企业实际，也利于使企业的人力资源部门不至于成为一个绝对的权力部门，因为，分散的权力、有制约的权力才是符合现代企业发展方向的。

所以，可以看到，人力资源管理其实一直在持续创新。面对纷纭变幻的商业环境，随着社会等因素的不断变换，不创新是无稽之谈。

二、人力资源创新基本思路

1. 确立服务人才的理念

我国传统的人事管理是一种全方位的垄断性管理。“重管理，轻服务”是它的重要特征之一。现如今，人力资源管理已经由过去单一的管理转化为多元化、多层次、全方位的服务。“管理就是服务”已经成为共识。

2. 确立心理管理的理念

刚性管理的时代即将结束，柔性管理的时代已经来临。未来的管理是：刚柔相济、以柔为主、柔中带刚、以柔克刚。而我国心理管理的这一块很大程度上是缺失的，很多高级管理者仍然认为设计一个好的管理制度或者一个理想化的工作指标就可以万事大吉，殊不知制度是死的，人是活的。针对劳动密集型的企业或者是智力密集企业，不重视心理管理将渐渐地失去员工。

3. 确立盟约管理的理念

人力资源管理大致经历过三个不同的发展阶段，即从行政管理阶段到契约管理阶段，再发展到盟约管理阶段。如今，中国的人力资源管理正在进行根本性的变革，其趋势之一就是废除终身雇佣制度推行聘用合同制度。按需设岗，按岗聘用，以岗定酬，合同管理。管理的两大主体权力地位逐渐趋向平等。当然，目前还没有实现完全意义上的平等，组织依旧是强者，个人仍然是弱者。但是随着人力资源的进一步发展，势必进入盟约管理的阶段，看看现在有多少斜杠青年就好了。很多现代的工作者不仅仅靠一份工作来养家糊口，他们可能会有第二职业，甚至在外部的投资可能已经让他们财务自由了。再想靠以前等级制度来管理人员将越来越不现实。

4. 确立人本管理的理念

传统的人事管理以事为中心，重物轻人，见物不见人，把人只是当作劳动的工具。现代人力资源开发则是强调以人为中心，要促进两个发展相统一，即既要促进经济社会的健康持续发展，又要促进人自身的全面发展以人为本、人本管理、最大限度地满足人的发展需求，应该作为现代人力资源工作者的重要理念。

人力资源是第一资源，实现科技进步，实现经济和社会的发展，关键都在人。面临新机遇、新挑战、新科技和新发展，现代人力资源管理发生深刻的变革，传统模式正面临时代的挑战，改善人力资源管理，必须明确现代人力资源管理与传统人事管理的区别，全面创新人力资源管理理念。

三、合伙制——不用扬鞭自奋蹄

合伙制是劳动者联合，按互利原则组织生产、流通和消费的社会经济活动方式。合伙制有狭义和广义之分。狭义的合伙制，表现为一种次要的经济形式，附属于占统治地位的经济形式。它是一种介于小生产和大生产之间的过渡形式，无论在生产资料的所有制关系上，还是在劳动和经营方式上，都没有固定的模式，而是具有较大的灵活性。参加合作经济组织的成员在一定程度上具有相对的独立性。

以上是合伙制的基本含义。但是今天要讨论的并不是在市面上经常看到的类似于律师事务所、会计师事务所这样的机构。因为这样的机构从设立之初就是另一种形态，和公司制有很大的区别，比如成立基础不同，合伙企业是基于合伙协议而公司基于章程。又比如法律人格不同，合伙企业不是独立的法人，而公司是独立的法人。此处想讨论的合伙制其实是基于一个本身是公司制的这样一种组织，在这种组织中，为了提高员工的积极主动性，能够让员工把公司当成自己的家一样，能够不用扬鞭自奋蹄，而采用合伙制。

合伙制的兴起，有着深刻的必然，是资本与劳动关系的重要转折。长期以来，雇佣制是中国企业的主流模式。其特点是，资本雇佣劳动，大股东是老板，员工是打工仔，资本与员工相对割裂，甚至仅一个人持股。公司治理权力方面，资本拥有绝对话语权，员工缺乏话语权，而且等级关系明显，官僚主义较常见，部门利益显著、部门之间的隔阂不小。

利益分配方面，传统雇佣制更多倾向资本而非员工，员工难以公平享受企业发展成果，在权力和利益方面，资本与员工之间失衡。而且，员工的行为容易短期化。导致的后果是，员工动力不足，资本容易任性，损害企业可持续发展。

合伙制是对传统雇佣制的巨大颠覆。从资本雇佣劳动，更多变为资本与劳动的合作，从单纯的员工变为兼具股东身份，从打工仔变为合伙人，资本与员工更多地融合。在公司治理权力方面，由于股权结构优化，股东之间的权力相对更均衡，员工话语权更大，相应的管理扁平化更普遍，分权成为常态。员工之间更多体现为合伙、相对平等，而非传统的上下级关系，官僚主义空间更小，内部的监督更有力，部门之间的隔阂会变小。

利益分配方面，合伙制下，资本、员工之间的利益分配更公平，员工获利空间更大，能更好地满足当下很多人对财富包括财务自由的追求。合伙制下，员工和股东身份统一，有利于形成深度的利益和命运共同体，降低企业发展成败系于一人的风险；合伙制下，人人都是创业者，而非单纯依赖车头的动力。

早先，资本极其稀缺，资本与人才的博弈中前者占绝对优势。而在这个市场竞争越来越激烈、人才重要性越来越凸显、资本与人才关系的天平开始反转的时代，雇佣制弊端日显，合伙制的必要性日增。

与此同时，人才特别是关键人才，越来越认可更公平、民主的合伙制而非传统的雇佣制，即意识发生了重大变化。当然，合伙制能大面积推行，得益于法制、资本市场、公司治理的健全、人的素质的提升。

当然并不是所有的企业都适合合伙制的。还是要根据自身的情况来进一步衡量。

如果想实行合伙制，企业至少应该符合以下几种类型：

• 知识型企业

知识型企业对员工的学习能力、责任感、合作能力、创造能力等要求很高，用雇佣制管理着员工进行投入，不如采用合伙制，突破传统雇佣制的束缚，让员工都能够自觉投入智力，能够共享企业利润，增强员工的归属感。

• 初创期企业

初创期通常要面对合作、创新、风险、授权等一系列问题。光靠一两个人的力量远远不够。采用合伙制，加强员工对企业文化和管理制度的认可度，让员工在各个岗位上发挥自己的主观能动性，毕竟让初创企业活下去对大家都有好处，都能够尝到甜头。

• 控制权稳定的企业

如果企业发展稳定，且股权也相对集中，控制权也比较稳定那么可以考虑引入合伙人制度。如果股权相对分散，则不要轻易尝试合伙制。

• 轻资产型企业

前面所说的知识型企业就属于轻资产型企业。并不是说重资产型企业一定不适合合伙制，而是轻资产型企业的主要资产是无形资产，比如企业的经验、规范的流程和管理、资源获取和整合能力、企业的品牌、企业文化等，这种轻资产型企业比较容易得到合伙人的青睐，后期可能有较大的增值空间，不像生产制造类型的公司，投入产出比没有那么可观。

实行合伙人制的企业的股权分配应当遵循科学合理的原则，最大的股东所持股份比例应超过 50%，这样可以保证其绝对的控股权，股权的结构安排应尽量按照奇数原则，这样才能保障各个股东之间的相互制衡，维护企业的相对稳定。

员工需要转变为合伙人，才能真正激发团队的战斗力。创业者与管理者只有不断吸引优秀的合伙人加入，才能保持团队的战斗力。可是面临这样的创新，HR 应该考虑什么问题呢？面临什么挑战呢？

（1）合伙人的选择以及合伙制团队的搭配上；

（2）其次是合伙制的团队如何能保证持久稳定；

（3）如何才能明确划分责任与利益。

以上任意一个环节的不稳固，都会导致合伙制的崩溃。HR 在选择合伙人时考虑的因素，首先就是“合伙人精神”，而且还需要具备与他们协同、融合的能力。此外，外部环境不断改变，合伙人的能力和知识也要不断提升。所以还包括通过共同学习，团队之间互相交流、共享共融、共同成长。

此外，在确立一个高效的合伙制团队后，HR 在这个团队中应当充当润滑剂的角色，将各类人等团结在一起实现共同的利益。

最后，HR 应该站在客观的角度，为合伙人制定合伙人协议，明确划分责任与义务，以免在意见冲突、情感冲突或是利益冲突时，由于权利与责任的划分不够明确而造成“散伙”的悲剧。“白纸黑字”的协议则能从根本上解决这种由于分工、责任划分不清晰引发的矛盾，甚至能在权益上对合伙的各方形成约束。

四、人力资源管理的发展趋势

随着商业环境进一步的发展，人力资源管理也在不断变革和创新。如果还停留在基本的人事工作上，可能很快就会被淘汰。所以，了解未来人力资源管理的趋势成了能够跟上时代发展的关键因素。

1. 战术向战略发展

在和很多人力资源部的员工沟通的时候，很容易陷入具体的事务中去。例如，会被人问到“招不到人怎么办？”“企业文化都变成了标语了，怎么落地呢？”“业务部门的绩效不好推动，怎么做？”

其实，从时间周期上来看，与其他资源的获取相比，人力资源要用更长的时间。这从另一个方面也是证明了人力资源的重要性，商战中发生过多少次类似于大批的核心人才的流失，而流失的人才很容易就能拿到资本和相应资源，很快就能复制一个原有的老东家的样子。所以，企业可能只要一周就能搞定资本，但是要花很多年组建团队，磨合团队，检验一系列的制度并取得成效。

现在人力资源管理也不仅仅是人力资源一个部门的职责了。应该这么说，现代企业的高层管理者必须承担企业的人力资源管理的职责，关注各种政策。所以，人力资源部也慢慢从术走到了道，也就是不再局限于战术而是战略层面上了。越来越多的企业认识到，人力资源管理的对象是组织中最重要的资源，通过所管理的人与其他管理职能互动，在实现组织整体目标的过程中起着不可估量的作用。所以人力资源管理者逐渐从作业性、行政性的事务中解放出来，转变为关系组织发展和管理者能力提升的战略角色。这种人力资源部规模更小，权利更大，核心任务是通过人来实现战略目标。

而在执行层面中，更多的是配合 CEO 和业务团队，根据战略价值和预期得到的价值，评估、诊断和发展组织。

现在很多企业都会把人力资源纳入战略研究的过程当中，从而使得人力资源管理在更高的层次上得到不断地发展，更趋于强调战略问题，强调如何使得人力资源管理为实现目标作更大的贡献。

2. 全面薪酬的发展

“80 后”成为职场主力、“90 后”加入职场，再有几年“00 后”都冲入了职场，员工需求更加多样化，仅靠外在薪酬激励手段已不能吸引和留住员工。公司给员工支付的薪酬分成“外在”的和“内在”的两大类，两者的组合，被称之为“全面薪酬”。“外在”的激励主要是指为受聘者提供的可量化的货币性价值。例如，基本工资、奖金等短期激励薪酬，股票期权等长期激励薪酬，失业保险金、医疗保险等货币性的福利，以及公司支付的其他各种货币性的开支，如住房津贴、俱乐部成员卡、公司配车，等等。而内在的激励则是指那些给员工提供的不能以量化的货币形式表现的各种奖励价值。例如，对工作的满意度、为完成工作而提供的各种工具（如好的电脑）、培训的机会、个人名望的背书（如在大的公司工作）、吸引人的公司文化、舒适的工作环境以及公司对个人的表彰，等等。

外在激励与内在激励各自具有不同的功能。它们相互补充，缺一不可。在过去的计划经济体制下，只强调精神的作用而忽略物质报酬，会导致员工的工作积极性比较低。改革开放后在市场经济下，又一切向钱看，忽视了精神方面的激励，一切都想用钱来解决问题，从长期发展的角度来看，都是有问题的。内在激励和外在激励共同结合，既重视物质也重视精神。

3. 人力资源管理外包趋势日益明显

为了保持对高速发展的外部环境的适应性，很多组织内部的结构和业务模式也在发生变化，为了使得组织能够维持较为明快有效的系统和程序，就出现了很多职位外包的现象。目前比较常见的有两种外包形式，第一种是组织内部保留核心职位，而将一部分基础性工作向社会化的企业管理服务网络转移，比如社保公积金代理、客服等；而第二种外包是指将一些具有开创性工作交给咨询公司，而不单独聘用一个团队来做，比如战略咨询、人力资源咨询等，这也叫利用外脑来完成工作。他们通常具有企业本身不具备的知识和技能，但是可能是个短期行为，长期聘请这样一个团队也不划算。

人力资源外包的实质就是降低管理成本，寻求长久的竞争优势，以达到有效适应外部持续的能力。

4. 更加专注于改善面试候选人体验和员工工作体验

随着商业环境的变化，员工的稳定性进一步降低，员工很容易通过网络和社交媒体了解行业的变化、其他公司的情况，高级人才也更加容易被挖走，好的公司也更容易被人熟知，更容易获取高质量的人才。

所以从面试环节开始，就要注重面试候选人的体验，即使面试不是很合适或者双方没有达成意向，最后也能够给面试候选人留下好的口碑，日后没准还有机会合作，或者他可能会给你介绍他的更为合适的朋友。而如果留下的影响不好，一传十，十传百，很多候选人可能还有想法来进入公司，听到这些言论可能就会换个思路了。这也是笔者强调的雇主品牌的建设。优秀的人才根本不是招聘来的，而是吸引来的。

包括自己的员工的工作体验，为什么有的公司的员工离开了还能和原公司的人保持良好的互动，有好的人才还会推荐，有资源也会对接，是因为工作氛围好，工作期间彼此都留下了好的影响。而有的公司员工离开了，就马上把自己的领导拉黑，这样的雇主品牌还会有离职员工为公司推荐优秀人才吗？

5. 人力资源管理精细化程度越来越高

相信不用再赘述，在整体市场中都会认同人才是企业最重要的资源。随着中国人工红利的结束，每个公司里面的人力成本越来越高，很多公司开始想的是如何用较少的人工完成最大能量的工作。这就表明原本粗放式的管理已经落伍了，对于为数不多的员工要做到精细化管控，让其在岗位上产生最大的效能。

所以人才和企业间仅仅靠一份劳动合同作为契约是远远不够的。签订劳动合同，一方面要依据劳动法规、市场法则确定员工与企业各自享有的权利，双方的义务和利益关系。另一方面也要重视员工的心理建设，共同建立起美好的可共同实现的未来，允许员工在自己的岗位上实现自我实现；同时企业要关注员工对组织的心理期望与组织对员工的心理期望之间的“默契”值。共同的目标、相似的价值观以及心理上的相互感激，是比薪酬、合同都更加牢靠的纽带。

图书在版编目（CIP）数据

HR 人力资源管理从助理到总监 / 张成强著 .—北京：中国法制出版社，2018.12

（HR 从助理到总监系列丛书）

ISBN 978-7-5093-9926-2

Ⅰ . ① H…　Ⅱ . ①张…　Ⅲ . ①企业管理—人力资源管理　Ⅳ . ① F272.92

中国版本图书馆 CIP 数据核字（2018）第 274227 号

策划编辑：潘孝莉（editorwendy@126.com）

责任编辑：马春芳（machunfang@zgfzs.com）　　封面设计：一本好书书籍设计

HR 人力资源管理从助理到总监

HR RENLI ZIYUAN GUANLI CONG ZHULI DAO ZONGJIAN

著者 / 张成强

经销 / 新华书店

印刷 / 三河市紫恒印装有限公司

开本 / 730 毫米 ×1030 毫米　16 开　　印张 / 16.25　字数 / 249 千

版次 / 2018 年 12 月第 1 版　　2018 年 12 月第 1 次印刷

中国法制出版社出版

书号 ISBN 978-7-5093-9926-2　　定价：59.00 元

北京西单横二条 2 号　邮政编码 100031　　传真：010-66031119

网址：http://www.zgfzs.com　　**编辑部电话：010-66022958**

市场营销部电话：010-66033393　　**邮购部电话：010-66033288**

（如有印装质量问题，请与本社印务部联系调换。电话：010-66032926）

01/ 老 HRD 手把手系列丛书

《老 HRD 手把手教你做招聘》
书号：978-7-5093-6528-1
定价：58.00 元

《老 HRD 手把手教你做员工管理》
书号：978-7-5093-6655-4
定价：56.00 元

《资深律师手把手教你搞定劳动争议：人力资源法律风险防范案头工具全书（第二版）》
书号：978-7-5093-9340-6
定价：58.00 元

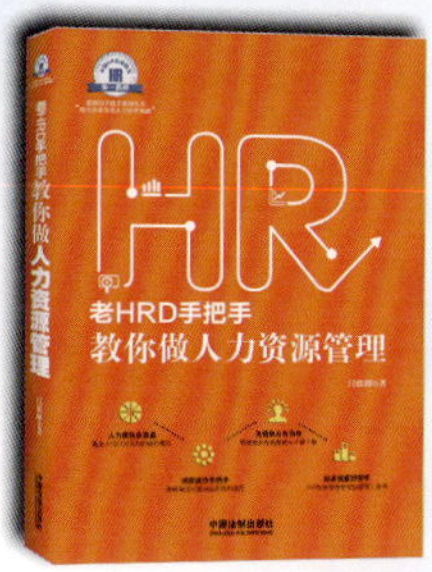

《老 HRD 手把手教你做人力资源管理》
书号：978-7-5093-6657-8
定价：66.00 元

《老 HRD 手把手教你做薪酬》
书号：978-7-5093-6530-4
定价：58.00 元

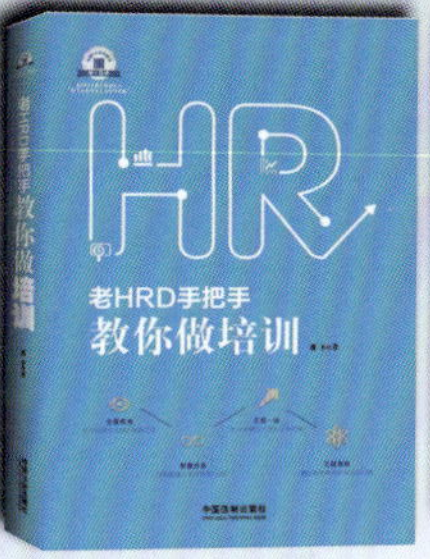

《老 HRD 手把手教你做培训》
书号：978-7-5093-6659-2
定价：59.00 元

《老 HRD 手把手教你做企业文化》
书号：978-7-5093-6529-8
定价：52.00 元

《老 HRD 手把手教你做任职资格管理》
书号：978-7-5093-6658-5
定价：49.00 元

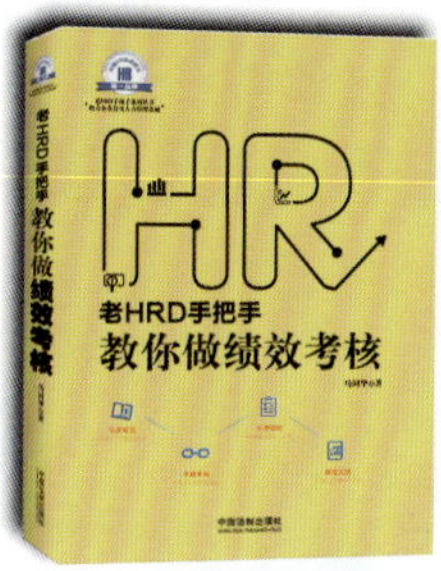

《老 HRD 手把手教你做绩效考核》
书号：978-7-5093-6710-0
定价：58.00 元

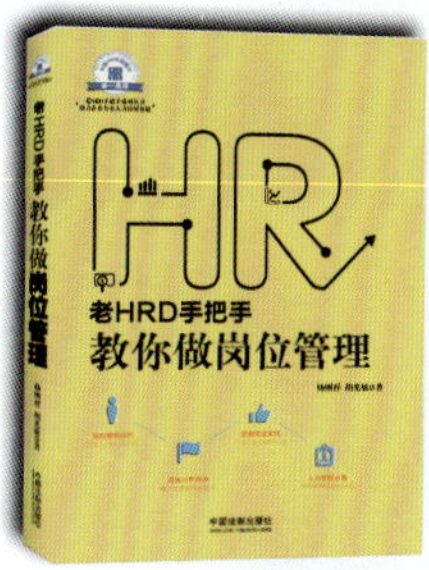

《老 HRD 手把手教你做岗位管理》
书号：978-7-5093-6650-9
定价：48.00 元

02/ 名企 HR 最佳管理实践系列丛书

《名企人才招聘最佳管理实践》
书号：978-7-5093-7952-3
定价：69.00 元

《名企绩效考核最佳管理实践》
书号：978-7-5093-9240-9
定价：59.00 元

《名企人力资源最佳管理实践》
书号：978-7-5093-7954-7
定价：69.00 元

《名企员工关系最佳管理实践》
书号：978-7-5093-7953-0
定价：66.00 元

《名企员工培训最佳管理实践》
书号：978-7-5093-8172-4
定价：66.00 元

《名企人力资源管控最佳管理实践》
书号：978-7-5093-8107-6
定价：59.00 元

03/ HR 从助理到总监系列丛书

《HR 绩效管理从助理到总监》
书号：978-7-5093-9647-6
定价：69.00 元

《HR 员工培训从助理到总监 》
书号：978-7-5093-9615-5
定价：59.00 元

《HR 人力资源管理从助理到总监》
书号：978-7-5093-9926-2
定价：59.00 元

04 名企 HR 经典管理案例系列丛书

《HR 员工激励经典管理案例》
书号：978-7-5093-9490-8
定价：49.00 元

《HR 劳动争议经典管理案例》
书号：978-7-5093-9632-2
定价：59.00 元

《HR 员工招聘经典管理案例》
书号：978-7-5093-9570-7
定价：59.00 元

《HR 企业文化经典管理案例》
书号：978-7-5093-9628-5
定价：59.00 元

05 HR 管理整体解决方案丛书

《HR 薪酬管理整体解决方案：共享价值分配新规则》
书号：978-7-5093-9379-6
定价：59.00 元

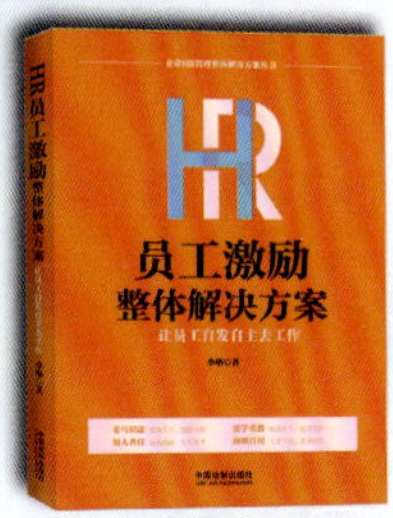

《HR 员工激励整体解决方案：让员工自发自主去工作》
书号：978-7-5093-9299-7
定价：59.00 元

《HR 人力资源实战整体解决方案：精彩案例全复盘》
书号：978-7-5093-6211-2
定价：59.00 元

06 其他

《企业人力资源管理全程实务操作（第三版）》
书号：978-7-5093-9793-0
定价：69.00 元

《绩效考核与薪酬激励整体解决方案（第三版）》
书号：978-7-5093-9787-9
定价：69.00 元

《深度绩效奖励全案》
书号：978-7-5093-9296-6
定价：49.00 元

《重新定义培训：让培训体系与人才战略共舞》
书号：978-7-5093-9753-4
定价：59.00 元

《HR 同行之旅》
书号：978-7-5093-9755-8
定价：39.80 元

《名企核心人才培养管理笔记》
书号：978-7-5093-8316-2
定价：59.00 元

《HR 劳动争议案例精选与实务操作指引》
书号：978-7-5093-9298-0
定价：59.00 元

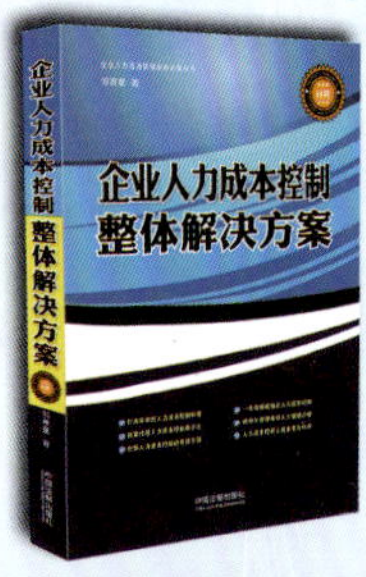

《企业人力成本控制整体解决方案》
书号：978-7-5093-6553-3
定价：58.00 元

《要想做好 HR 你要有两把刷子》
书号：978-7-5093-6571-7
定价：66.00 元

《人力资源就该这么管》
书号：978-7-5093-8300-1
定价：59.00 元